汽车钣金喷漆技术

主　编　刘宇哲

副主编　杨　阳

参　编　袁　伟　李　江

北京理工大学出版社

BEIJING INSTITUTE OF TECHNOLOGY PRESS

内 容 简 介

本书全面概括了汽车车身修复所需的工艺流程，内容分为三个模块进行介绍，分别为车身结构模块、钣金修复模块和涂装模块。三个模块较为详细地阐述了损伤汽车的修复工艺，其中包括修复设备的功能和使用方法，修复方案的制定。本书把汽车钣金件结构拆装、修复和涂装融为一体，可以综合性地提高学生的车身维修技术能力。

本书可作为高等职业院校汽车车身维修技术、汽车定损评估等相关专业的教学用书，也可供有关技术人员参考。

图书在版编目（CIP）数据

汽车钣金喷漆技术/刘宇哲主编. —北京：北京理工大学出版社，2017.7（2021.8重印）

ISBN 978 - 7 - 5682 - 4494 - 7

Ⅰ. ①汽… Ⅱ. ①刘… Ⅲ. ①汽车-钣金工②汽车-喷漆 Ⅳ. ①U472.4

中国版本图书馆 CIP 数据核字（2017）第 184892 号

出版发行／北京理工大学出版社有限责任公司

社　　址／北京市海淀区中关村南大街5号

邮　　编／100081

电　　话／(010)68914775(总编室)

　　　　　(010)82562903(教材售后服务热线)

　　　　　(010)68948351(其他图书服务热线)

网　　址／http://www.bitpress.com.cn

经　　销／全国各地新华书店

印　　刷／三河市华骏印务包装有限公司

开　　本／787毫米×1092毫米　1/16

印　　张／12.5　　　　　　　　　　　　　责任编辑／李秀梅

字　　数／295千字　　　　　　　　　　　　文案编辑／杜春英

版　　次／2017年7月第1版　2021年8月第4次印刷　责任校对／孟祥敬

定　　价／33.00元　　　　　　　　　　　　责任印制／李志强

汽车车身钣金维修是针对汽车碰撞所产生的损伤进行修复的工作，它是对传统汽车维修行业的一个补充，在现代汽车维修中占据着重要的位置。车身损伤恢复程度的好坏，将直接影响该车后期的使用性能和安全性能。如果车身碰撞损伤修复不到位，那么汽车机械装置将无法正常工作，例如减振器支座，如果其尺寸修复不到位，那么汽车的前轮定位将无法调整，汽车可能总处于跑偏的状态，或者轮胎发生偏磨等，长此以往，可能产生更大的故障，如转向系统、行驶系统和传动系统等都无法正常工作。总之，车身是汽车底盘和发动机安装的基础，直接决定汽车使用性能的优劣，故汽车车身的修复显得尤为重要。

新型汽车都使用了高强度钢材，车身大都采用吸能式设计结构，如果吸能式结构得不到有效的复原，将为车辆后期的行驶埋下安全隐患。车身安全是被动安全，在电控系统保证车辆正确安全行驶的前提下，车身是驾乘人员安全的最后一道防线，所以说汽车车身安全性能不能有一丝的马虎。

我国汽车维修行业的发展非常不平衡，机电维修与国际先进水平差距较小，而钣金与喷漆与国际先进水平差距较大。

汽车车身材料和汽车车身制造工艺的发展突飞猛进，高强度钢、超高强度钢、铝合金、复合材料等大量应用到现代车身上，轿车车身上高强度钢板的用量达70%，纵梁、立柱等采用超高强度钢和先进冲压工艺制造，中高端汽车车身甚至采用全铝合金车身，运动型高级汽车的车身更是采用复合材料。汽车设计主要以承载式为主，车身为焊接而成的整体，受损情况更为复杂，使得过去的车身修复方法不能修复现代车身的损伤。现代的汽车车身修复要求车身能恢复到以前的状态，包括车身的外形、控制点尺寸以及材料的强度等。在传统的观念中，汽车车身修复主要还是以车身板件外形的修复为主，而对恢复汽车车身板件的原始状态，特别是车身安全性方面做得比较差，车身修复观念还需要进一步改变。

从国际汽车行业的情况看，现代的汽车技术越来越先进，汽车机械、电气系统的稳定性越来越高，维修以保养为主，大修的比例越来越小，而事故车维修在维修厂不论从维修的量还是营业额或利润上所占的比例越来越高。目前，国外事故车维修的比例达到60%～70%，国内情况与这一趋势相同。事故车的维修比例越来越高，有些修理厂达到50%以上，事故车维修成为修理厂最大的利润来源。

在汽车维修人才方面，汽车钣金工尤其缺乏。以前的钣金工都是按照传统的师承教育，师傅带徒弟一代代传承下来，整个教育行业对汽车车身维修教育重视程度不够。现代汽车车身修理不是简单的、低技术含量的钣金修理工作，对修理工的要求非常高，要求修理工必须掌握汽车构造、车身结构、车身制造、车身材料、车身焊接技术、车身测量、车身校正等多方面的知识和技术。而要掌握这么多的专业技术，则需要经过系统的、专业的学习和培训才能达到要求。

基于以上论述与分析，配合高等职业院校"国家技能型紧缺人才培训工程项目"，坚持"以学生为主体，以就业为导向"，在学习与借鉴国内外职业教育课程改革成功经验的基础上，结合汽车技术类专业课程体系与学生技能要求，确定编写本教材。

教材的编写融入课程设计新理念，突出学生的主体地位，以教师为引导，以培养汽车车身维修技术高技术技能型人才为目标；注重依托产业，融合汽车车身先进的维修技术，与行业企业专家紧密合作，根据汽车车身维修的实际工作内容共同对教材内容进行研讨开发、调整重组，形成新的内容结构体系；注重内容的针对性、时效性、实用性和可操作性，强化对知识及技能的理解、掌握与应用，促进教材学习效果的提高以及车身维修技术技能的养成，有利于提高学生的职业能力和创新能力。

本教材由陕西工业职业技术学院刘宇哲任主编，杨阳任副主编，袁伟、李江参与编写。本书的编写分工如下：项目一、二、三、四由刘宇哲编写，项目五、六由袁伟编写，项目七、八、九、十由杨阳编写，项目十一由李江编写。全书由刘宇哲统稿。

教材在编写过程中参考和借鉴了大量相关资料，并得到了西安金康汽保设备公司的大力支持和帮助，在此一并向相关人员表示诚挚的谢意。

由于编者水平有限，教材难免有不足之处，敬请广大读者批评指正。

编　者

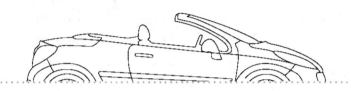

目 录
CONTENTS

情境三 涂装模块

情境一

车身结构模块

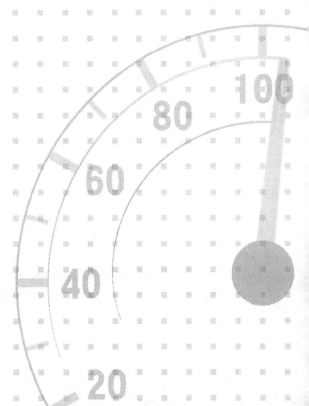

项目一
汽车车身概述

学习目标

(1) 能够正确叙述车身的主要结构形式和基本构造。

(2) 知道车身各板件及结构件。

(3) 知道车身连接方法和拆卸方法。

(4) 掌握轿车车身壳体结构。

(5) 了解车身撞击应力分析。

(6) 了解车身四轮定位参数。

随着国民经济的发展，汽车已成为重要的交通运输工具和现代社会的象征，汽车工业在带动其他各行业的发展中已日益显示出其作为支柱产业的作用。车身，作为汽车上的四大总成之一，虽然发展相对较晚，但是越来越引起人们的注意，并随之成为汽车工业中发展较为迅速的分支。现代汽车车身，为了降低车身质量，同时增加刚性，车身的结构越来越复杂。尤其是整体式车身，准确把握其结构，才能保证车身修复的质量，所以车身维修人员要熟悉现代车身的结构特点、造型及修复特点等。

无论传统能源汽车还是新能源汽车，都离不开车身，并且涉及车身修复的环节。因此，了解汽车车身的特点对顺利从事汽车钣金、涂装和美容是十分必要的。

汽车车身是驾驶员的工作场所，也是容纳乘员和货物的场所，它为驾驶员提供良好的操作性能，为乘员提供舒适的乘坐条件，为货物提供方便的装卸条件。随着新技术、新工艺和新材料的开发与研究，汽车车身正以安全、节油、舒适、耐用等技术为主导，以适应世界经济发展为潮流，以精致的艺术品获得美的感受而点缀人们的生活环境。

一、轿车车身分类

1. 按车身外形分类

轿车按车身外形分为三厢式轿车和两厢式轿车。

三厢式轿车是一种比较流行且具有代表性的车型，车身为封闭、刚性结构，有两个或四个车窗，单排或双排座位，有两个或四个车门。由发动机室、乘员室、行李厢分段隔开形成相互独立的三段布置，故称之为三厢式轿车，其外形如图 1-1（a）所示。两厢式轿车，后

部形状按较大的内部空间设计，将乘员室与行李厢同一段布置，其外形如图1-1（b）所示。三厢式轿车与两厢式轿车相比，其抗横向风稳定性好。

（a）　　　　　　　　　　　　　　（b）

图1-1　车身外形结构

（a）三厢式轿车；（b）两厢式轿车

2. 按车身壳体分类

1）非承载式车身

非承载式车身的主要特征是：车身下面有足够强度和刚度的独立车架，车身以弹性元件与车架相连，如图1-2所示。

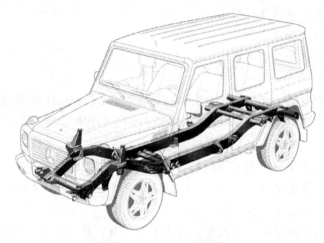

图1-2　非承载式车身

如图1-3所示，非承载式车身由壳体与底架组合而成，大部分载荷由车架所承受，车身壳体不承载或只在很小程度上承受由车底架弯曲或扭曲变形所引起的部分载荷。当车身受到较大损伤时，可以拆开分别修理和校正。非承载式车身广泛用于客车及货车，有些高级轿车也采用这种形式的车身。

非承载式车身的优点：

（1）减振性好。发动机和底盘各主要总成，直接装配在车身主体的车架上，可以较好地吸收来自各方面的冲击与振动。

（2）工艺简单。壳体与底架共同组成车身主体，它与底盘可以分开制造、装配，然后再组装到一起，总装工艺因此而简化。

（3）易于改型。由于以车架作为车身的基础，易于按使用要求对车身进行改装、改型和改造。

（4）安全性好。当汽车发生碰撞事故时，冲击能量的大部分由车架吸收，对车身主体能起一定的保护作用。

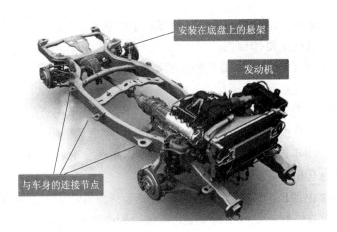

图1-3 非承载式车的结构

非承载式车身的缺点：

（1）质量大。由于本身壳体不参与承载或很少承载，故要求车架有足够的强度与刚度，从而导致整车质量增加。

（2）承载面高。由于车架介于车身主体与底盘之间，给降低整车高度带来一定困难。

（3）投入多。制造车架需要一定厚度的钢板，对冲压设备要求高而增加投资，焊接、检验及质量保证等作业也随之复杂化。

2）半承载式车身

车身与车架是用焊接、铆接或螺钉连接的，载荷主要由车架承受，车身也承受一部分。这种结构的车身是为了避免非承载式车身相对于车架位移时发出噪声而设计的。由于质量大，现在很少采用。

3）承载式车身

承载式车身又称为整体式车身，车身代替车架来承受全部载荷，如图1-4所示。

图1-4 承载式车身结构

承载式车身的一个突出特征是没有独立车架。虽没有独立的车架，但由于车身主体与类似于车架功能的车身底板采用组焊等方式制成整体刚性框架，所以整个车身（底板、骨架、内外蒙皮、车顶等）均参与承载，这样分散开来的承载力分别作用于各个车身结构件上，车身整体刚度和强度同样能够得到保证。当车身整体或局部承受适度载荷时，壳体不易发生永久变形，即刚性结合角在正常载荷作用下，一般不会永久变形，而且这种由构件组成的刚性壳体在承受载荷时"牵一发而动全身"，依作用力与反作用力平衡法则，"以强济弱"地

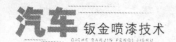

自动调节，使整体壳体在极限载荷内始终处于稳定平衡状态。

承载式车身的优越性主要体现在：

（1）质量小。由于车身是由薄钢板冲压成型的构件组焊而成的，因而具有质量小、刚性好、抗变扭能力强等优点。

（2）生产性好。车身采用容易成型的薄钢板冲压，并且采用点焊和多工位自动焊接等现代化生产方式，使车身组焊后的整体变形小，且生产效率高，质量保障性好。

（3）结构紧凑。由于没有独立的车架，汽车整体高度、重心高度、承载面离地都有所降低，可利用空间也有相应增加。

（4）安全性好。由薄板冲压成型后组焊而成的车身，有均匀承受载荷并加以扩散的功能。对冲击能量的吸收性好，使汽车的安全保障性得到改善与提高。

承载式车身的缺点是：底盘部件与车身结合部在汽车运动载荷的冲击下，极易发生疲劳损伤，乘员室也更容易受到来自汽车底盘的振动与噪声的影响。为此，需要有针对性地采取一些减振、消噪等技术措施。另外，由事故所导致的整体变形较为复杂，并直接影响到汽车的行驶性能。钣金维修过程中复原参数时，需使用专门设备和特定的检查与测量手段。

承载式车身作为其他所有零部件的安装基础，各安装点之间的尺寸精度都有严格要求，尺寸误差过大会造成相关零部件配合不良，如果涉及关键零部件安装失准，还会直接影响车辆行驶的稳定性和安全性。所以车身的修复必须严格遵守以下标准：

（1）车身各部位都应恢复原始尺寸，误差必须 ≤ ±3 mm。

（2）结构性板件必须恢复其原始状态，以抵御可能发生的再次撞击。

（3）不能改变吸能区的强度。

✳ 二、轿车车身整体结构

1. 典型汽车车身结构

常见的轿车车身由车身前舱、中舱和后舱三个主要功能件组成。前舱一般用于安置发动机（或行李），中舱用于承载驾驶员和乘员，后舱用于安置行李（或发动机）。通常，整个车身壳体按强度等级可分为三级，如图 1-5 所示，图中 A、B、C 分别代表车身前部吸能区、中部安全区和后部吸能区。

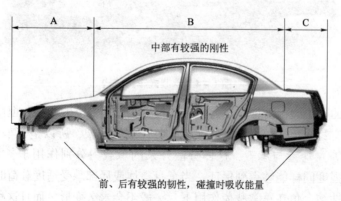

图 1-5　车身壳体刚度分级

2. 轿车整车尺寸

轿车整车尺寸如图1-6所示。

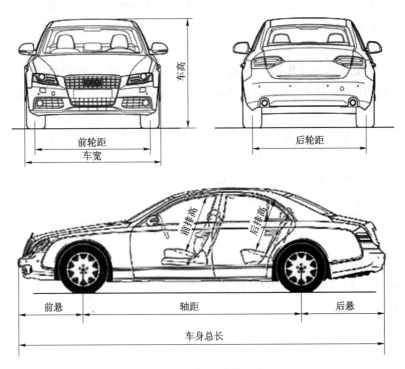

图1-6　轿车整车尺寸

（1）车长。车长是指垂直于车辆纵向对称平面，并分别抵靠在汽车前、后最外端突出部位的两垂面之间的距离。

注意：车辆纵向对称平面在车身尺寸图中称为中心面，利用一个假想的具有空间概念的平面，能够将车身沿宽度方向截为对称的两半，则这个平面即车辆的纵向对称面，如图1-7所示。

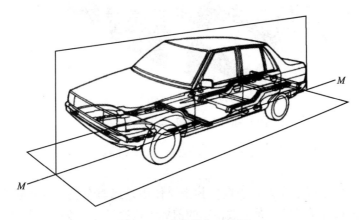

图1-7　车身纵向对称面

（2）车宽。车宽是指平行于车辆纵向对称面，并分别抵靠车辆两侧固定突出部位（除后视镜、侧面标志、转向指示灯、挡泥板、折叠式踏板、防滑链及轮胎与地面接触部分的变

形外）的两平面之间的距离，如图 1 - 6 中车宽示意。我国公路车辆的极限尺寸规定，车辆总宽不大于 2.5 m。

（3）车高。车高是指车辆没有装载且处于可运行状态时，车辆支撑平面与车辆最高突出部位相抵靠的水平面之间的距离，如图 1 - 6 中车高示意。我国公路车辆的极限尺寸规定，车辆总高不大于 4 m。

（4）轴距。轴距是指通过车辆同一侧相邻两车轮的中心点，并垂直于车辆纵向对称平面的两垂线之间的距离，如图 1 - 6 中轴距示意。对于三轴以上的车辆，其轴距由最前面至最后面的相邻车轮之间的轴距分别表示，总轴距则为各轴距之和。

（5）轮距。汽车车轴的两端为单车轮时，轮距为车轮在车辆支撑平面上留下的轨迹中心线之间的距离；汽车车轴的两端为双车轮时，轮距为车轮中心平面（双轮车车轮中心平面为外车轮轮毂内缘和内车轮轮毂外缘等距的平面）之间的距离，如图 1 - 6 轮距示意。

（6）前悬。前悬是指通过两前轮中心的垂面与抵靠在车辆最前端（包括前拖钩、车牌及固定在车辆前部的任何刚性件），并且垂直于车辆纵向对称平面的垂面之间的距离，如图 1 - 6 前悬示意。

（7）后悬。后悬是指通过车辆最后车轮轴线的垂面与抵靠在车辆最后端（包括牵引装置、车牌及固定在车辆后部的任何刚性件），并且垂直于车辆纵向对称平面的垂面之间的距离，如图 1 - 6 后悬示意。

3. 轿车车身整体结构

典型轿车车身整体结构如图 1 - 8 所示。

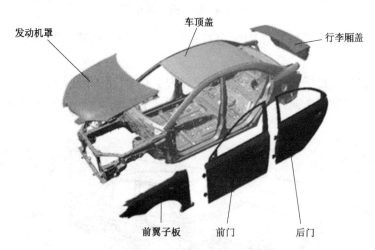

发动机罩　　　车顶盖　　　行李厢盖

前翼子板　　前门　　　后门

图 1 - 8　典型轿车车身整体结构

（1）发动机罩。发动机罩的主要作用是遮盖发动机舱，一般通过铰链安装在车身壳体上。

（2）翼子板。翼子板也称为叶子板，其主要作用是遮盖车轮。按其在车身上的位置不同，分为前翼子板和后翼子板。大多数轿车的前翼子板通过螺栓安装在车身壳体上；少数轿车，特别是车架式车身的轿车，前翼子板局部通过点焊的方式与车身壳体连接。后翼子板也称后侧围板，一般通过点焊方式与车身壳体连接。

（3）车门。车门的主要作用是方便乘员上下车。车门均是通过铰链安装于车门立柱上。

（4）行李厢盖。行李厢盖的主要作用是遮盖后备厢，通常是通过铰链安装于车身壳体上。

（5）保险杠。保险杠按其在车身上的位置有前保险杠和后保险杠之分，其主要作用是当车辆发生前后碰撞时起被动保护作用。保险杠通常通过螺栓与车身壳体的前、后纵梁相连接，有时在保险杠和纵梁间加装缓冲器。

（6）车顶盖。车顶盖的主要作用是遮盖车身上部，通常用点焊的方式与车身壳体连接，有些车型在车顶盖上边有天窗（活动顶盖）。

（7）车身壳体。车身壳体也称为车身本体，是指没有安装任何机械部件、电气元件及导线和车身覆盖件及装饰件的总成。车身壳体是整个汽车的基础件，汽车上所有的机械部件、电气元件及导线和车身覆盖件及装饰件等均通过不同方式固定在车身壳体上。

三、轿车车身壳体结构

整体式车身结构有三种基本类型，即前置发动机前轮驱动型（简称前置前驱，可用 FF 表示）、前置发动机后轮驱动型（简称前置后驱，可用 FR 表示）和中置发动机后轮驱动型（简称中置后驱，可用 MR 表示）。

（一）前置前驱的车身壳体

无论是哪种结构形式的车身壳体，其车身基本都由三部分组成，即前车身、中车身（乘员室）和后车身，如图 1-9 所示。发动机、传动装置、前悬架、操控系统、差速器等都装在前车身上；中车身的地板上焊接有纵梁和横梁，有很高的强度和刚性，以保证乘员安全；后车身除了后悬架几乎没有机械装置，所以后车身质量较前车身小很多。前置前驱轿车结构如图 1-10 所示。

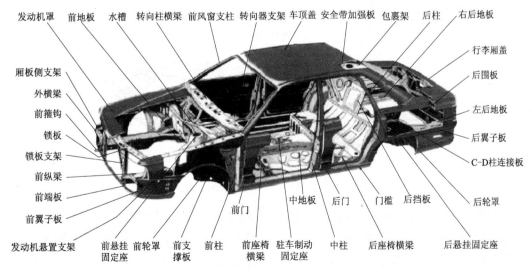

图 1-9 承载式车身钣金件结构

前置前驱车身有以下特点：

（1）变速器和差速器结合成一体，没有传动轴，车身质量明显减小。

图 1-10　前置前驱轿车结构

（2）因噪声和振动源多在车身的前部，汽车的总体噪声和振动要小得多。

（3）前悬架和前轮的负荷增加。

（4）车身的内部空间增大。

（5）油箱可设置在车身中心底部，使行李厢的容积增大，其内部也变得更加平整。

（6）由于发动机装在前面，碰撞时又有向前的惯性力，所以发动机的安装组件要相应加强。

通常整个车身壳体强度等级分为三段，如图 1-11 所示，图中 A、B、C 分别代表车身前部、中部及后部。车身设计时，使乘员室尽可能具有最大的刚度，而相对于乘员室的前、后室则应具有较大的韧性。当汽车发生正面碰撞或追尾等事故时，所产生的冲击能量可以在A 段或 C 段得以迅速吸收，前车身或后车身局部首先变形成 A′或 C′，来保证中部乘员室 B段有足够的活动范围与安全空间。

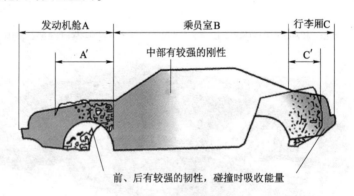

图 1-11　车身吸能结构

这种有意预留在车身前、后的"薄弱环节"起着良好吸收冲击能量的作用。而车身中部的乘员室及其周围，一般要比前、后车身坚固且有良好的整体性。这样，当冲撞事故发生时，预计的局部变形反倒能为乘员留有一定的生存空间。故维修作业中应当绝对避免对于类似 A、C 段擅自施行加固作业。

轿车车身壳体通常也分为三段，即由前车身、中间车身和后车身三大部分及相关构件组成。

1. 前车身

前置前驱的前车身壳体由翼子板、散热器上下支架、散热器侧支架、前横梁、前纵梁、前挡泥板和用薄钢板冲压成的前围板等构成，如图1-12所示。前置前驱和前置后驱的汽车前悬架几乎相同，都采用麦弗逊式独立悬架。前车身的精度对前轮定位有直接影响，所以完成前车身的修理以后，一定要检查前轮的定位。

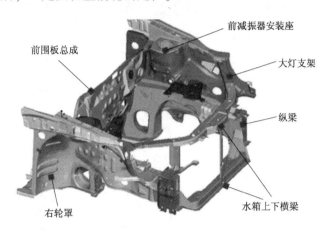

图1-12 前车身结构

前纵梁是前车身的主要承载件，形状随车型而异。多数轿车的前纵梁有意设计成折曲形状，如图1-13所示。这些折曲部位称为预应力区，当车辆发生碰撞时，这些预应力区首先变形，以吸收碰撞时的冲击能量，减小碰撞力对乘员的影响。

图1-13 前纵梁结构

1）前保险杠

前保险杠位于车辆的最前端，是车身外部装饰件，主要部件一般由非金属面罩与金属加强筋相连而成，起到装饰、防护作用，应用于所有车辆车身。典型前保险杠结构如图1-14所示。

前保险杠在车辆行驶过程中经常发生剐蹭、碰撞等情况，前保险外皮、支架、装饰条等零件比较容易碰到而损坏，这些部件损坏后一般直接更换新件；前保险杠杠体一般优先考虑钣金修复，而不采取换件操作。前保险杠外皮如果与车身同色，在更换后还需要进行喷烤漆处理。

2）前翼子板

前翼子板位于汽车发动机罩侧下部、前轮上部，是重要的车身装饰件，主要部件一般采用薄钢板冲压制造，如图1-15所示。

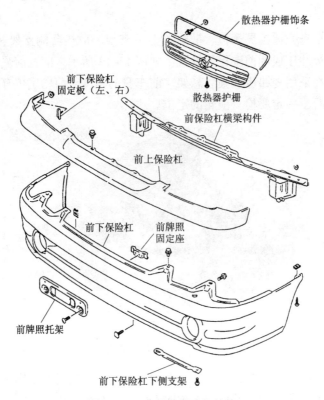

图 1－14　典型前保险杠结构

普通轿车的前翼子板主要由前翼子板外板、前翼子板内板、翼子板衬板及翼子板防擦装饰条等组成，部分轿车还装有翼子板轮口装饰条。

在车辆碰撞事故中，翼子板外板、内板等钣金件经常因碰撞而发生变形，此时应视损坏程度采用钣金修复或更换新件，固定卡子、固定卡扣、固定螺栓在更换翼子板时应一同更换。

3）发动机罩

发动机罩位于车辆前上部，是发动机舱的维护盖板，如图 1－15 所示。

轿车的发动机罩主要由发动机罩板、发动机罩隔热垫、发动机罩铰链、发动机罩支撑杆、发动机罩锁、发动机罩锁开启拉索、发动机罩密封条等零

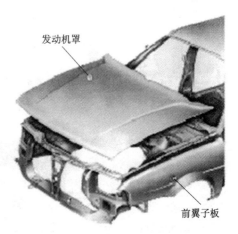

图 1－15　车身翼子板和发动机罩

件所组成。发动机罩多用高强度钢板冲压成网状骨架和蒙皮组焊而成，多数轿车还在夹层之间使用了耐热点焊胶，使之确保刚度并在其间形成良好的消声胶层。车身维修中应有针对性实施解体方案，不要轻易用火焰法修理，以免破坏夹胶的减振与隔声作用。在发动机罩的组成零部件中，发动机罩锁开启拉索、发动机罩锁总成比较容易发生损坏，对于这些零件只要更换新件就可恢复原有功能；支撑杆、密封条以及缓冲垫等一般不会损坏，而发动机罩一般也只是由于车辆发生碰撞等而变形，损坏不严重可采取钣金修复，一般不采取换件修复。

4）前围板

前围板位于乘员室前部，通过前围板使发动机室与乘员室分开。前围板的两端与壳体前立柱和前纵梁组焊成一体，使整体刚性更好。由于前车身的后部构造还起横向加固壳体的作用，故一般采用双重式结构。靠近发动机室一侧主要起辅助加强作用，靠近乘员室一侧用高强度钢板冲压成型，并于两侧涂沥青、毛毡、胶棉等绝缘材料，以求乘员室振动小、噪声低、热影响小。

5）前纵梁

前纵梁是前车身的主要强度件，直接焊接在车身下部，其上再焊接轮罩（有的前轮罩与前纵梁为一体式）等构件，如图1-16所示。为了满足承载和对前悬架、转向系统等支撑力的受力要求并使载荷分布均匀，前纵梁前细后粗截面不等，同时截面变化也较为明显，能够提高汽车受冲撞时对冲击能量的吸收，尤其是断面A、B处，受冲击时将首先变形，以吸收能量。纵梁上钻有许多不同直径的小孔，用于安装发动机总成及汽车附件。

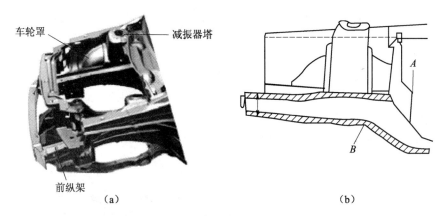

图1-16　车身前纵梁连接结构

（a）前纵梁与轮罩的连接；（b）纵梁断面的变化

前纵梁通常安装保险杠，如图1-16所示。前纵梁通过连接板和加强板与挡泥板和减振器支座焊接在一起，与前围板下边缘有焊点，后部延伸至驾驶员座椅安装横梁处并与其焊接在一起。

2. 中间车身

中间车身设有车门、侧体门框、门槛及沿周采用高强度钢制成的抗弯曲能力较高的箱型断面，中间车身侧体框架的中柱、边框、车顶边梁、侧体下边梁等结构件也采用封闭型断面结构。车顶、车底和立柱等构件，均以焊接方式组合在一起。中间车身的立柱起着支撑风窗和车顶的作用，一般下部做的粗大，上部的截面尺寸需要考虑驾驶视野而缩小。立柱包括前柱（A柱）、中柱（B柱）与后柱（C柱）三种，如图1-17所示。

1）立柱、门槛板、地板

立柱、门槛板是构成车身侧框架的钣金结构件，是车身非常重要的支撑件，如轿车、吉普车等车型的侧框架一般由前、中、后门框及门槛、门楣等构成一个框架结构，用来固定车门、支撑顶篷、固附车身蒙皮等。图1-18所示为立柱、门槛板、地板的位置及车身加强件示意图。

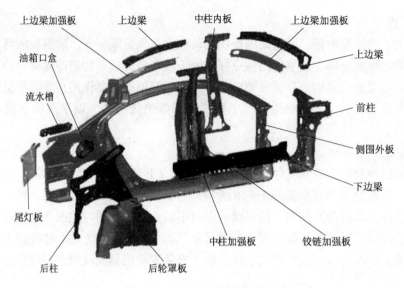

图 1 – 17　车身中部结构

地板是车辆用来承载乘员、货物的基础件，是车身非常重要的钣金件。车辆上几乎所有的组件都直接或间接安装在地板上，如乘员座椅直接安装在地板上，仪表台通过仪表框架间接安装在地板上。车辆发生变形损坏时地板基本上是采用钣金修复。

2）车顶

车顶是指车身车厢顶部的盖板，其上可能装设有天窗、换气窗或天线等，如图 1 – 19 所示。

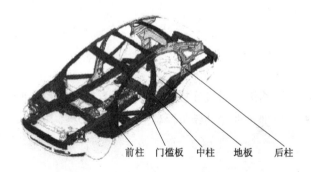

图 1 – 18　车身中部钣金件强度示意图

图 1 – 19　车身车顶结构

车顶主要由车顶板、车顶内衬、横梁（可能有前横梁、后横梁、加强肋等）组成，有的车型还备有车顶行李架。在车顶的零件中，若车顶内衬损坏，一般采取换件的方式，其他金属零件一般采取钣金修复，只有在损坏非常严重而无法钣金修复时才采取换件修复。

电动式天窗一般由天窗框架、天窗玻璃、天窗遮阳板、天窗导轨、驱动电机等零件组成。天窗总成的零件一般不容易发生损坏，天窗玻璃、天窗导轨一般在车辆发生碰撞后才有可能发生损坏，驱动电机、控制装置可能发生机械故障损坏，这些零件损坏时一般采取更换新件即可恢复原有功能。

3）车门

车门是乘员上下车的通道，其上还装有门锁、玻璃、玻璃升降器等附属设施。车门框架是车门的主要钢架，铰链、玻璃、把手等部件安装在车门框架上。车门外板是车门框架上的外面板，它可以用钢、铝、纤维玻璃或塑料制成。车门玻璃沿车门框架上的玻璃导轨上下移动，导轨是用低摩擦材料嵌入、粘接形成的 V 形槽。

车门及其附件主要包括车门板（车门外板和车门内板）、车门内饰板、车门密封条、车门铰链（一般包括车门上铰链、下铰链）、车门锁总成等零件，如图 1 - 20 所示。

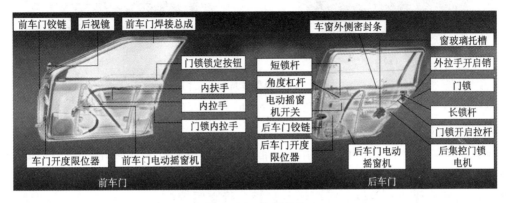

图 1 - 20　车门结构

车门总成的零件中，车门板（车门外板、车门内板）在损坏不严重的情况下一般采取钣金修复。其他零件（如门锁、拉手、玻璃升降器等）属于易损件，在损坏时只要更换新件即可。

3. 后车身

轿车后车身是用于放置物品的部分，可以说是中间车身侧体的延长部分。三厢式车的乘员室与行李厢是分开的，如图 1 - 21（a）所示；而两厢车的行李厢则与乘员室合二为一，如图 1 - 21（b）所示。典型车身后部结构如图 1 - 22 所示。

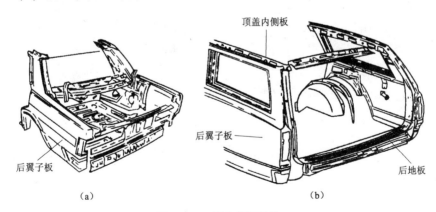

图 1 - 21　车身后部结构

后车身的主要载荷来自于汽车后悬挂，尤其是对于后轮驱动的车辆，驱动力通过车桥、悬挂直接作用于后车身上。为确保后车身的强度，车身质量由中间车身径直向后延伸，到相当于后桥部位再形成拱形弯曲。这样既保证了后车身的刚度，又不至于使后桥与车身发生干涉。而且，当车身后部受到追尾碰撞时，还能瞬时吸收部分冲击能量，以其变形来实现对乘员室的有效保护。

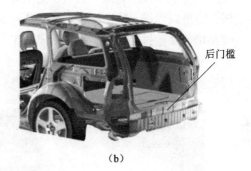

（a）　　　　　　　　　　　　　　　　　　　（b）

图1-22　典型车身后部结构

（a）三厢式轿车后车身；（b）两厢式轿车后车身

1）行李厢和行李厢盖

行李厢是装载物品的空间，是由行李厢组件与车身地板钣金件构成的。行李厢基本位于轿车车身的后部，因此又俗称为后备厢。行李厢盖位置如图1-23所示。轿车的行李厢盖主要由行李厢盖板、行李厢盖衬板、行李厢铰链、行李厢支撑、行李厢密封条、锁总成等零件组成，部分轿车的行李厢盖还带有扰流板、车型品牌标识等。在行李厢盖的组成零件中，除了行李厢盖板损坏可以进行钣金修复外，其他零件损坏采取更换新件的方式。

2）后侧板

后侧板是指后门框以后的遮盖后车轮及后侧车身的钣金件，如图1-24所示。

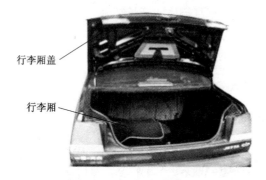

图1-23　车身行李厢结构　　　　　　　　　　**图1-24　车身后侧板**

一般其上有燃油箱门或天线等。后侧板主要包括后侧板外板、后侧板内板、后柱、侧板内饰板及轮罩板等零件。

3）后保险杠

后保险杠是指位于车辆车身的尾部，起到装饰、防护车辆后部零件的作用。后保险杠主要包括保险杠外皮、保险杠杠体、保险杠加强件、保险杠固定支架以及保险杠装饰条等。典型后保险杠结构如图1-25所示。部分中高级轿车的后保险杠中还装有后保险杠缓冲器，可以有效保护车辆的后部车身在中级以下碰撞时不发生变形。

在轿车后保险杠的组成零件中，除了保险杠外皮损坏时一般采取更换新件的方式外，其他钣金件都可先考虑钣金修复，除非损坏较为严重时才进行更换新件。

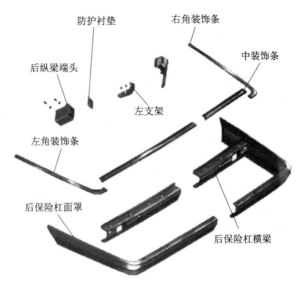

图 1 – 25　典型后保险杠结构

4. 车身底部结构

1）车身底部前段

车身底部前段由前纵梁和前横梁组成。由于要安装发动机、悬架等部件，并影响其车轮定位，这些构件都用高强度钢制成箱形结构，如图 1 – 26 所示。

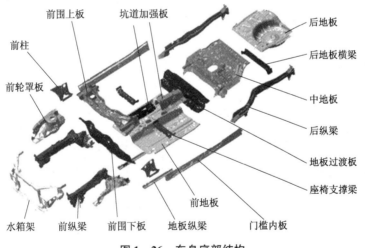

图 1 – 26　车身底部结构

2）车身底部中段

车身底部中段主要由中地板、地板横梁和地板纵梁等构成，如图 1 – 26 所示。地板中部的拱起既可以满足车身底盘机械部件的布局需要，又可以极大地提高地板的强度，阻止地板的扭曲。此外，地板主纵梁和横梁位于前排座椅下面和后排座椅前面，从而强化了中部车身左右两侧的刚性，在侧面碰撞中可以防止地板扭曲。

3）车身底部后段

车身底部后段主要由后纵梁、后地板横梁、后地板及行李厢底板等构成，如图 1 – 26 所

示。后纵梁从后排座椅下方延伸至后桥，并上弯延伸到后桥。此弯曲构成像前纵梁一样，可以吸收后段碰撞时的能量，并保护油箱。另外，后地板纵梁后段和后地板纵梁是分开的，以便维修车身时的更换作业。

（二）车身的撞击效应

1. 冲击吸收结构

承载式车身（整体式车身）具有碰撞缓冲式结构，它可以通过车身结构变形吸收碰撞冲击能量。前后厢均为碰撞缓冲式结构，另外中间厢（客厢）采用刚性结构，可以将能量分散至前后厢，从而吸收冲击能量并保护驾驶员和乘员。撞击过程中，应力集中随车组变形而产生。例如，在折弯一块金属板前，首先在弯折部位开一个孔，金属板弯折时，应力将集中于宽度减小的部位，开孔处易于折弯，如图 1 - 27 所示。

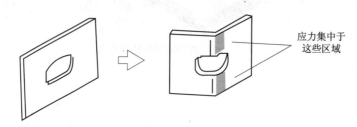

图 1 - 27　有孔金属板弯折的应力示意

实际承载式车身（整体式车身）的前纵梁上带有缩小的断面，前轮罩的上部构件上带有拐弯和孔，因此可通过底盘结构的变形分散碰撞应力，如图 1 - 28 所示。

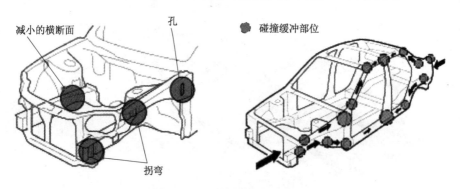

图 1 - 28　碰撞缓冲应力示意

撞击能量不会在通过最大刚性部分时造成弯曲，而是使较弱的部位产生变形，直至能量被耗尽，如图 1 - 28 所示。

碰撞力（外力）由三个变量组成：输入点、角度和幅度。车辆在受到碰撞时，碰撞的方向和幅度可以分为两个或三个变量。当规定的力 F_1，以角度 α 作用于输入点 O 时，对一辆实际的车而言，F_1 分为水平力 F_2 和 F_3 以及垂直力 F_4，如图 1 - 29 所示。

① F_2：向后推动前轮罩。

② F_3：向中间推动隔板上框架。

③ F_4：向下推动隔板。

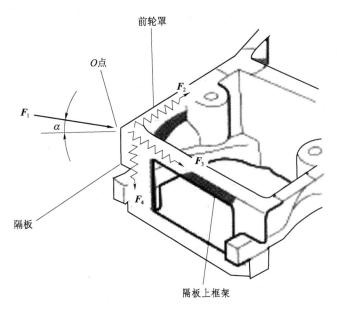

图 1 – 29 撞击力的分散示意

2．碰撞角度和破坏

按照撞击力方向不同，碰撞可以分为两种类型，一种是指向车辆重心的向心力型碰撞，另一种是背离车辆重心的切向力型碰撞。

1）向心力型碰撞

当撞击力直接施加于车辆重心时，造成的车辆破坏最为严重，如图 1 – 30（a）所示。

2）切向力型碰撞

当撞击力作用方向偏离重心时，造成破坏的程度稍轻，车辆将发生旋转，以避开撞击，如图 1 – 30（b）所示。

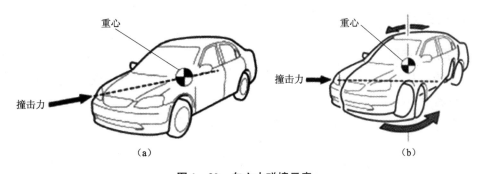

图 1 – 30　向心力碰撞示意

（a）向心力型碰撞；（b）切向力型碰撞

3．撞击力和撞击面积

即使两种情况下发生撞击时的车辆重力和速度均相同，破坏程度也会随车辆撞击物体的不同而存在显著不同。

$$单位面积的撞击力 = \frac{总撞击力}{总撞击面积}$$

项目一　汽车车身概述

（1）随总撞击面积的加大，单位面积的撞击力变小，变形量也相应减小，但破坏面积加大，如图1-31（a）所示。

（2）如果撞击面积较小，如撞击电线杆时，则单位面积的撞击力较大，变形量也相应较大，如图1-31（b）所示。

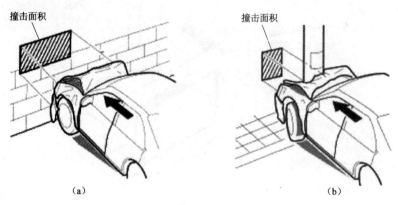

（a）   （b）

图1-31 碰撞面对损伤的影响

（a）大面积碰撞；（b）小面积碰撞

✳ 四、四轮定位的基本知识

（一）基本常识

现代汽车的车轮定位是指车轮、悬架系统元件以及转向系统元件，安装到车架（或车身）上的几何角度与尺寸需符合一定的要求，保证汽车行驶的稳定性和安全性，减少汽车的磨损和油耗。

（二）主要技术参数

1. 主要定位参数

（1）前束。从汽车的正上方向下看，轮胎的中心线与汽车的纵向轴线之间的夹角称为前束角。轮胎中心线前端向内收束的角度为正前束角，反之为负前束角。总前束值等于两个车轮的前束值之和，即两个车轮轴线之间的夹角，如图1-32（a）所示。

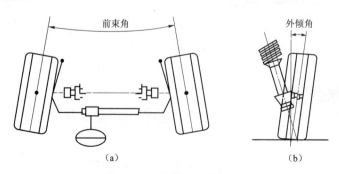

（a）   （b）

图1-32 前束角和外倾角

（2）外倾。从汽车正前方看，汽车车轮的顶端向内或向外倾斜一个角度，称为车轮的外倾。通常情况下汽车的侧倾角为外倾，用偏离垂直线所倾斜的角度来表示，如果顶端向外倾斜称为正外倾角，如果向内倾斜则称为负外倾角，如图1-32（b）所示。

（3）主销后倾角。从汽车的侧面看，主销轴线（或车轮转向轴线）从垂直方向向后或向前倾斜一个角度称为主销后倾或前倾。在纵向垂直平面内，主销轴线与垂线之间的夹角，称为主销后倾角。向垂线后面倾斜的角度称为正后倾角，向前倾斜的角度称为负后倾角。通常汽车行驶过程中，主销后倾角应为正值。主销后倾角的获得，一般是在安装时通过悬架元件的相互位置来保证的，如图1-33（a）所示。

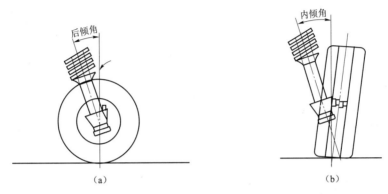

图1-33　主销后倾角和主销内倾角

（4）主销内倾角。从汽车的正前方看，主销（或转向轴线）的上端略向内倾斜一个角度，称为主销内倾。在汽车的横向垂直平面内，主销轴线与垂线之间的夹角称为主销内倾角，如图1-33（b）所示。

2. 其他定位参数

（1）推进线。汽车后轮总前束的夹角的平分线就称为汽车的推进线，如图1-34所示。

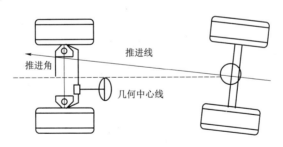

图1-34　推进线

（2）推进角。推进线与几何中心线之间的夹角称为推进角。

（3）左横向偏置角。左侧前后轮中心的连线与推进线之间的夹角称为左横向偏置角，如图1-35所示。

（4）右横向偏置角。右侧前后轮中心的连线与推进线之间的夹角称为右横向偏置角，如图1-36（a）所示。

（5）轮距差。左侧前后轮中心的连线与右侧前后轮中心的连线之间的夹角称为轮距差，如图1-36（b）所示。

（6）轴偏置。轮距差角的平分线与推
进线之间的夹角称为汽车轴偏置，如图
1-36（c）所示。

（7）前退缩角。两前轮中心的连线与
推进线的垂线之间的夹角，称为前退缩角，
如图1-37所示。

（8）后退缩角。两后轮中心的连线的
垂线与推进线之间的夹角，称为后退缩角，
如图1-37所示。

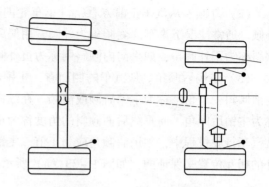

图1-35 左横向偏置角

（9）包容角。从汽车正前向看，主销
的轴线和车轮的轴线之间的夹角就称为包容角，如图1-38所示。

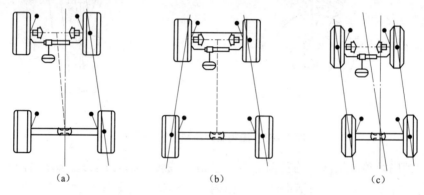

（a）　　　　　　　　（b）　　　　　　　　（c）

图1-36 偏置角、轮距差和轴偏置示意图

（a）右横向偏置角；（b）轮距差；（c）轴偏置

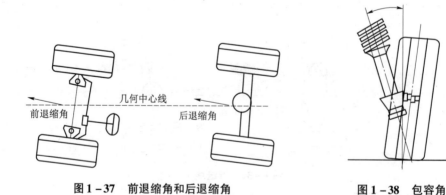

图1-37 前退缩角和后退缩角　　　　**图1-38 包容角**

（10）转向前展。在方向盘转正的情况下，汽车的两个前轮的前束值都为零时，当方向
盘转动到一侧最大转向角的状态，此时汽车的两个前轮端面之间的夹角就称为汽车的转向
前展。

一、判断题

1. 新型汽车的纵梁前部会有用螺栓固定的保险杠支撑，在剧烈碰撞中吸收能量，可以快速更换。 （　　）

2. 发动机罩没有吸能设计。 （　　）

3. 汽车车身中部强度很高，也设计了吸能区保护乘员。 （　　）

4. 整体式车身前部板件承受的载荷更大，因此要求前部车身的刚性要好。 （　　）

5. 后纵梁的后段都经过波纹加工，以提高吸收撞击的效果。 （　　）

二、选择题

1. 车架式车身在碰撞时主要由（　　）吸收能量。

A. 主车身　　　　　　　　B. 车架　　　　　　　　C. 横梁

2. 整体式车身的（　　）刚性最大。

A. 前车身　　　　　　　　B. 中车身　　　　　　　C. 后车身

3. 整体式车身与车架式车身相比，（　　）是整体式车身的特点。

A. 汽车通过性高　　　　　B. 安全性高　　　　　　C. 碰撞时把损伤局限在某些部位

4. 发动机纵置在前车身的（　　）上。

A. 中间梁　　　　　　　　B. 前悬架横梁　　　　　C. 后纵梁

5. （　　）是整体式车身前车身的部件。

A. 门槛板　　　　　　　　B. 前纵梁　　　　　　　C. 中柱

6. 在整体式车身发动机舱部位，（　　）没有吸能设计。

A. 纵梁　　　　　　　　　B. 横梁　　　　　　　　C. 挡泥板

三、简答题

1. 简述典型轿车的车身结构。

2. 试简述四轮定位四个主要参数的作用，以及与车身的关系。

3. 分析整体式车身和车架式车身的区别及各自的优缺点。

项目二

汽车钣金件拆装与调整

学习目标

（1）掌握汽车车身典型构件的更换原理、过程及注意事项。

（2）能够熟练使用汽车车身常用拆装工具和量具。

（3）能够对汽车车身典型构件进行拆装与调整，并进行分析。

汽车在使用过程中，车身表面覆盖件会发生碰撞、挤压、划擦、变形等情况，此时需将该结构件进行拆卸、修复、调整和安装，以恢复其外形的美观性和安全性。

一、轿车保险杠总成

（一）保险杠概述

保险杠的主要功能是，当轿车前后端与其他物体相撞时，不仅能有效保护车身，而且还有利于减轻被撞人和物的损伤程度。另外，保险杠作为车身外部装饰，与散热器面罩相互配合，起到美化轿车外形的作用。保险杠有前保险杠和后保险杠之分，其结构原理基本相同，故在此一并讲述。

事实上，在碰撞事故（正面撞击或后部追尾）中真正担负主要吸能作用的是前后纵梁，纵梁通过压溃变形和弯曲变形吸收碰撞能量，其中前纵梁要担负前部碰撞总能量的 60% 左右。后纵梁所需要承担的吸能压力虽然较前纵梁小，但仍然是追尾事故中吸收能量的主力。一般轿车保险杠系统的组成如图 2 - 1 所示。

现代轿车大多采用塑料保险杠。塑料保险杠由外板、缓冲材料和横梁三部分组成，其中外板和缓冲材料用塑料制成，横梁用厚度为 1.5 mm 左右的冷轧薄板冲压成 U 形槽。外板和缓冲材料附着在横梁上，横梁与车架纵梁之间为螺纹连接，可以随时拆卸下来。塑料保险杠所使用的塑料多为聚酯系和聚丙烯系，采用注射成形法制成。从安全上看，保险杠在汽车发生碰撞事故时能起到缓冲作用，保护前、后车体；从外观上看，保险杠可以很自然地与车体结合在一起，具有很好的装饰性，成为装饰轿车的重要部件。轿车典型保险杠实例如图 2 - 2 所示。

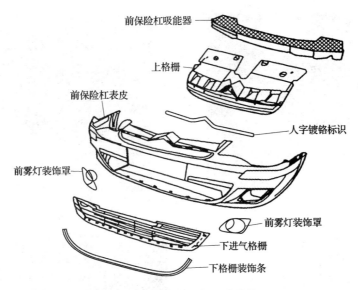

前保险杠吸能器

上格栅

前保险杠表皮

人字镀铬标识

前雾灯装饰罩

前雾灯装饰罩

下进气格栅

下格栅装饰条

图 2 - 1　轿车保险杠总成结构

图 2 - 2　轿车典型保险杠实例

（二）轿车保险杠的拆装与调整

1. 拆卸保险杠护皮总成

（1）拆除散热器空气导流板上的卡子，如图 2 - 3 所示。

（2）拆卸散热器格栅防护罩，如图 2 - 4 所示。

（3）拆卸保险杠左右固定螺栓（或卡子），如图 2 - 5 所示。

（4）拆卸保险杠左右两侧与轮胎内衬固定的螺栓，并且拆卸保险杠与翼子板的固定螺栓（左右两边对称）。

（5）用 10 号套筒拆下发动机舱盖至前端板密封的两个螺栓，如图 2 - 6 所示。

（6）拆下发动机舱盖至前端板密封的 3 个卡子，如图 2 - 7 所示。

（7）用套筒棘轮扳手拆下前保险杠下端的螺钉，如图 2 - 8 所示。

（8）拆下前保险杠总成，如图 2 - 9 所示。提示：左、右两侧同时拆卸。

（9）断开雾灯连接器，如图 2 - 10 所示。提示：左、右两侧的拆卸相同。

图 2 - 3　导流板固定方式

图 2 - 4　散热器格栅防护罩

图 2 - 5　保险杠左右固定螺栓（或卡子）

图 2 - 6　保险杠固定螺栓

图 2 - 7　保险杠固定卡子

图 2 - 8　保险杠底部固定螺钉

图 2 - 9　保险杠总成

图 2 - 10　拔下雾灯线束

（10）拆卸散热器进气格栅，如图 2 - 11 所示。

（11）脱开 4 个卡爪并拆下左侧雾灯灯盖，如图 2 - 12 所示。提示：左、右两侧的拆卸相同。

图 2 – 11　拆卸散热器进气格栅

图 2 – 12　拆下雾灯总成

2. 安装保险杠总成

（1）接合 4 个卡爪并安装左、右侧雾灯盖，如图 2 – 13 所示。

（2）接合卡爪，安装散热器格栅，用螺丝刀拧紧螺钉，如图 2 – 14 所示。

图 2 – 13　安装雾灯总成

图 2 – 14　安装散热气格栅

（3）连接雾灯线束，如图 2 – 15 所示。

（4）接合卡爪，安装保险杠总成，如图 2 – 16 所示。

图 2 – 15　安装雾灯线束

图 2 – 16　安装保险杠总成

（5）用套筒安装 6 个螺钉。

（6）安装 3 个卡子和 2 个螺栓。

（7）安装销固定卡子。提示：左、右两侧的安装相同。

（8）安装卡子。提示：左、右两侧的安装相同。

（9）安装散热器空气导流板上的卡子。

（10）保险杠缝隙调整，如图 2 – 17 所示。

（11）雾灯对光检查与调整，如图 2 – 18 所示。

项目二　汽车钣金件拆装与调整

图 2-17 保险杠缝隙过大

图 2-18 雾灯对光检查与调整

✿ 二、轿车车门总成

（一）轿车车门总成概述

车门钣金维修过程中，车门的拆装是必须完成的一个项目，内饰板的拆卸是车门所有附件拆卸、维修和更换的必要前提，内饰板的改装也需要对其进行拆卸。所以，车门内饰板的拆装是钣金工需要掌握的基本技能。

车门是车身的一个独立覆盖件，一般通过铰链安装在车身上。通常车门由门体、车门附件和内外装饰件三部分构成，如图 2-19 所示。

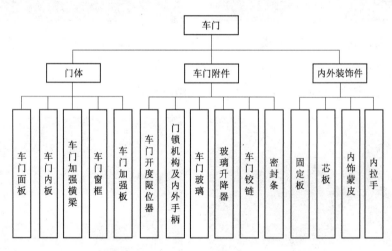

图 2-19 车门组成

车门结构和车门门体附件分别如图 2-20 和图 2-21 所示。

（二）轿车车门的拆装与调整

为了保证乘员上下车的方便性、行车安全性、良好的侧面视野、密封性及低噪声等方面的性能，对维修后的车门提出如下要求：

（1）车门开关灵活，运动自如，具有足够乘员上下车的开度，车门开关应有轻度的节制，能在最大开度和中间开度的位置上停稳，轿车车门开度一般在 $60° \sim 70°$，并能保证即使在倾斜路面上车门也能顺利开启且可靠地锁止在开启位置。

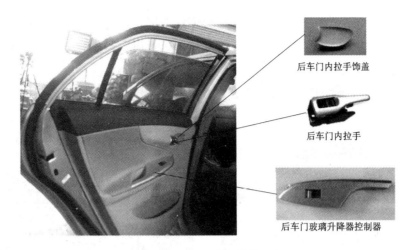

后车门内拉手饰盖

后车门内拉手

后车门玻璃升降器控制器

图 2-20　车门结构

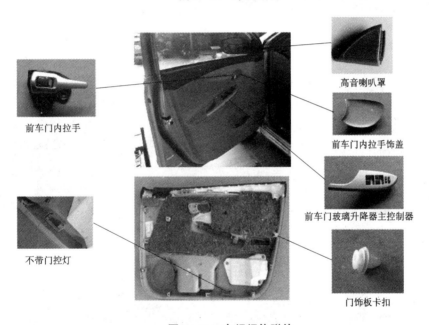

前车门内拉手

高音喇叭罩

前车门内拉手饰盖

前车门玻璃升降器主控制器

不带门控灯

门饰板卡扣

图 2-21　车门门体附件

（2）车门锁止时，不得因振动、碰撞而自动开启，在需要开启时，应很容易打开。

（3）车门应有足够的强度和刚度，不允许因变形、下沉而影响到车门开关的可靠性。在关门时不得有敲击声，行驶时不允许产生振动和噪声。

（4）车门与门洞之间应有良好的密封性，雨、雪不能从车门缝隙中进入车内，并能把灰尘和泥水挡在车外。

（5）车门有良好的工艺性和维修方便性。

（6）附件布置合理，相互不干涉，使用方便，性能可靠。

车门在维修过程中的拆卸，主要分为三大部分，即内饰板的拆卸、玻璃升降器和门锁的拆卸。

1. 拆卸车门内饰板

（1）左前车门内饰板如图 2-22 所示。拆装前，先将蓄电池断电（拆除蓄电池负极电

缆线）以免损坏用电设备。拆卸过程中要特别注意掌握合适的力度，禁止野蛮操作，防止损坏零件。打开车门扶住边框让车门开到最大（完全开启主要是为了操作方便，根据场地大小可适当调整）。

（2）用小型一字螺丝刀拆卸高音喇叭罩，如图 2-23 所示。注意：使用螺丝刀或卡扣拆卸工具拆卸一些装饰件时需要注意保护漆面，防止划伤漆膜。

图 2-22　左前车门内饰板

图 2-23　拆卸高音喇叭罩

（3）拆除喇叭线束，如图 2-24 所示

（4）用小型一字螺丝刀拆卸前车门内拉手饰盖，如图 2-25 所示。注意：力度适当，防止损坏，使用金属制品撬卡扣式，最好在螺丝刀头部缠保护胶带，避免损坏前车门内饰板。

（5）用螺丝刀拆卸车门饰板扶手座上的螺钉，并将螺钉取下，如图 2-26 所示。（使用螺丝刀拆卸螺钉时，拆卸过程中螺丝刀与螺钉要保持垂直，防止拆卸过程中损坏螺钉孔。）

图 2-24　拆除喇叭线束

图 2-25　拆卸前车门内拉手饰盖

（6）使用螺丝刀将车门扶手座上板从端部轻轻撬开，如图 2-27 所示。（撬动时最好从铁片端开始进行撬动，其有一定的弹性而不容易损坏。）

（7）将扶手座上板拉起，取下车门扶手座（拉起时注意玻璃升降器线束，动作要柔和，防止损坏玻璃升降器线束，可适当用一字螺丝刀顶住插接器卡扣，将其分离（图 2-28））。

图 2-26　拆卸内饰板扶手

图 2 – 27　撬起内饰板扶手

图 2 – 28　玻璃升降器线束插接器与控制器分离

（8）拆卸车门内饰板下端的两个螺钉（使螺丝刀与螺钉垂直拆卸），拆卸车门内饰板总成，用双手或塑料撬棒将车门内饰板从下端轻轻拉开，使得卡扣与车门分离，如图 2 – 29 所示。

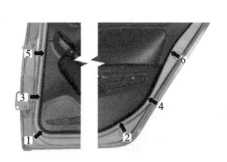

图 2 – 29　撬起车门内饰板

（9）双手握住车门内饰板总成，向上轻轻提拉，将车门内饰板总成与车门分离。（拆卸内饰板总成时，内拉手分总成拉索未拆卸，要随时观察内拉手变化情况。）

将车门内饰板倾斜30°左右，用手扶住车门内饰板总成，将拉手分总成与车门分离，取下车门内饰板，如图 2 – 30 所示。

（10）如图 2 – 31 所示，即拆卸完成的车门内饰板。

图 2 – 30　取下车门内饰板

图 2 – 31　车门内饰板与门体分离

2. 拆卸车门玻璃升降器

要对汽车车门玻璃升降器进行拆装，首先要认识车门玻璃升降器的结构。前、后车门玻璃升降器的结构如图 2 – 32 所示。玻璃升降器安装结构如图 2 – 33 所示。

图 2 – 32　玻璃升降器结构

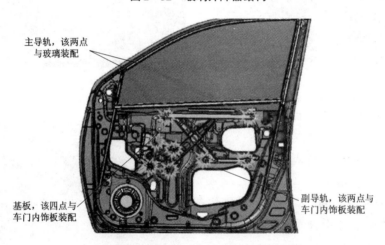

图 2 – 33　玻璃升降器安装结构

（1）连接电瓶搭铁，降下前车门玻璃，如图 2 – 34 所示，把前车门玻璃固定螺钉降至拆卸孔位置。

图 2 – 34　玻璃升降器与玻璃固定螺栓

（2）拆卸前车门玻璃内压条，如图 2 - 35
所示。

（3）取下前车门玻璃，如图 2 - 36 所示。

（4）用套筒拆卸前车门玻璃升降器固定螺钉，
如图 2 - 37 所示。

（5）取出前车门玻璃升降器，如图 2 - 38
所示。

3. 拆卸车门门锁

（1）用螺丝刀把前车门锁与前车门外拉手之间
的拉杆撬开，如图 2 - 39 所示。

图 2 - 35　拆卸前车门玻璃内压条

图 2 - 36　取下前车门玻璃

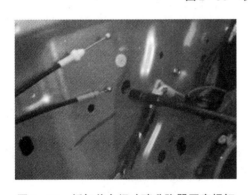

图 2 - 37　拆卸前车门玻璃升降器固定螺钉

图 2 - 38　取出前车门玻璃升降器

（2）用螺丝刀拆卸前车门锁固定螺钉，如图
2 - 40 所示，并取出前车门锁。

4. 车门总成的安装

按照"后拆先装"的原则，依次将门锁、玻
璃升降器和内饰板安装到原位。现将内饰板安
装过程总结如下：

（1）用手扶住车门内饰板总成，将玻璃升降
器线束穿过扶手座安装孔。

（2）将车门内饰板固定卡扣与安装孔对准后，

图 2 - 39　拆卸前车门锁与
前车门外拉手之间的拉杆

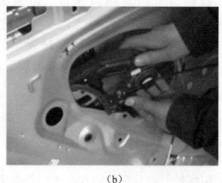

（a） 　　　　　　　　　　　　　　　　　　　（b）

图 2－40　拆卸前车门锁

（a）拆卸固定螺钉；（b）取出前车门锁

用手掌或拳头轻轻拍击，使固定卡扣与内侧板安装到位。（固定卡扣与内侧板件安装孔未对准时，禁止强行安装，以防损坏固定卡扣。）

　　（3）握住玻璃升降器开关，将玻璃升降器的插接器与控制开关连接。（插接器与控制开关安装到位后，可听到卡扣发出"嗒"的声音。）

　　（4）暂时连接电瓶负极，按动玻璃升降器开关，观察车窗升降情况。（如不能自由升降，则需要维修和调整。）

　　（5）将扶手座分总成装入车门内饰板扶手座孔内，并使扶手座分总成与车门内饰板完全贴合。（先将塑料卡扣端扣入扶手座安装孔内，再将铁卡扣扣入，安装时防止卡扣损坏。）

　　（6）拉动车门内拉手，观察闭锁器能否正常开启。（如果不能正常开启，则要求排除故障后继续安装。）

　　（7）拉动外拉手，观察闭锁器能否正常开启。

　　（8）使用螺丝刀安装扶手座固定螺钉（使用螺丝刀时，螺丝刀与螺钉要保持垂直，防止安装过程中损坏螺钉孔）。

　　（9）使用十字螺丝刀安装内拉手固定螺钉。

　　（10）使用螺丝刀将车门闭锁器闭合，再次检查车门内、外拉手是否正常开启闭锁器。

　　车门安装完成后，为了确保车门可以平顺地关闭并且不发出"吱吱"声或不漏水、漏尘且外形整齐、美观，必须进行车门间隙的调整。车门的间隙必须均匀整齐，车门安装后要与门框、相邻的车身板件对齐。

　　四门轿车需要调整时，由于后侧围板不能移动，所以要先调后门，且必须将后门调整到与车身轮廓线和门框适合。调整完后门，再调整前门以适合后门，最后将前翼子板调整到适合前门。

　　车门安装在车身上后，要检查其匹配情况，如是否准确闭合或锁住；板件间隙是否准确，大小是否一致。

　　车门间隙过大或过小可通过专用校正铰链扳手来调节铰链达到规定的要求。

　　两车门间隙上宽、下窄，用专用校正铰链扳手卡住铰链向下用力调整；两车门间隙下宽、上窄，用专用校正铰链扳手卡住铰链向上用力调整。

　　调整车门铰链后，装上车门，检查锁闩与锁扣的啮合，如出现摩擦或碰撞，两车门的平面高低不平，必须松开锁闩固定螺钉进行调整。

锁闩初步固定后，平顺地关闭车门，检查车门处于完全上锁位置后，门锁锁扣与锁闩上下间隙大小适中，无明显的摩擦阻力，平顺啮合，最后再拧紧锁闩紧固螺钉。

❀ 三、轿车挡风玻璃总成

（一）轿车挡风玻璃概述

前、后挡风玻璃通常是由橡胶密封条和黏合剂牢固地安装在玻璃框上，一般在车身的内外围绕玻璃处装有嵌条。内部嵌条称为装饰条，外部称为窗框嵌条。玻璃安装方式一般有密封条式、粘接式和组合式三种。现代汽车一般采用组合式安装方法。挡风玻璃安装结构如图2-41所示。

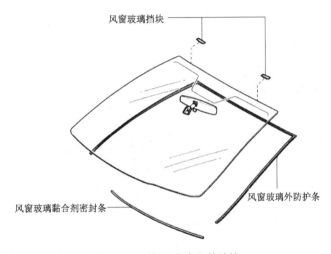

图2-41　挡风玻璃安装结构

（二）轿车挡风玻璃的拆装与调整

1. 拆卸挡风玻璃

（1）拆卸固定玻璃的相关附件，如雨刮器、密封条等。

（2）从车内将钢琴线由车身与玻璃之间穿出，如图2-42所示。

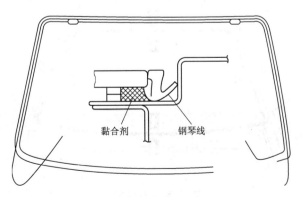

图2-42　切割玻璃胶

（3）将拉手与钢琴线两端连接。

注意：

① 在外面贴上胶带，以防划伤外表面。

② 分离玻璃时，注意不要损坏油漆面和内外装饰件，为防止在拆卸玻璃时划伤仪表板，可在钢琴线与仪表板之间放置一块塑料片。

（4）沿玻璃四周拉动钢琴线，切开黏合剂，拆出玻璃。

注意：割开玻璃黏合处时，应在车身上尽量多留些黏合剂。

2. 挡风玻璃的安装

（1）用除油剂清除玻璃周边接触面上的黑色污垢（图2-43），清洁之后不要触摸玻璃表面。

图2-43　清洁窗框

（2）用美工刀割除车身上的残余玻璃胶。

注意：在车身上尽量多留些黏合剂，大约1 mm，避免伤及窗框底漆。

（3）用一块浸透清洁液的抹布清洁黏合剂的切割表面。

注意：即使全部黏合剂均已清除，也应清洁车身表面。

（4）将玻璃置于正确的位置。

（5）在玻璃和车身上做好参考记号，如图2-44所示

（6）装上隔水片，用双面胶带安装隔水片。

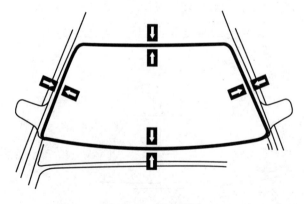

图2-44　玻璃定位

（7）用刷子在车身接触面涂一层底漆，如图 2 – 45 所示。

注意：让底漆涂层干燥 3 min 以上；不要涂在黏合剂上；不要将开封的底漆保存到以后使用。

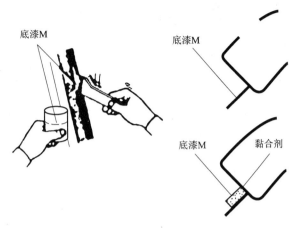

图 2 – 45　旧玻璃胶活化

（8）用刷子或海绵在玻璃边缘及接触表面涂一层底漆，如图 2 – 46 所示。

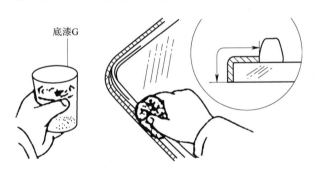

图 2 – 46　在玻璃接触表面涂一层底漆

（9）在底漆干燥之前，用干净抹布将其擦去。

注意：让底漆涂层干燥至少 3 min；不要涂在黏合剂上；不要将开封的底漆保存到以后使用。

（10）切除管壶嘴尖，将黏合剂装入管壶，将管壶装入密封胶枪中，如图 2 – 47 所示在玻璃上涂抹黏合剂。

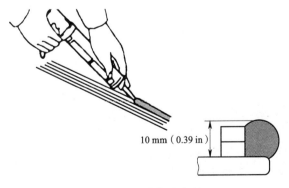

图 2 – 47　涂抹黏合剂

（11）安装玻璃，使玻璃和车身上的参考记号对准，然后往边缘将玻璃轻轻压入，如图2-48所示。

（12）用刮刀在玻璃边缘上涂抹黏合剂。

（13）用刮刀除去过量的或溢出的黏合剂，如图2-49所示。

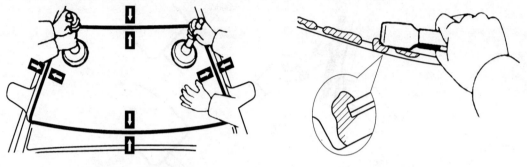

图2-48　安装玻璃　　　　　　　　　图2-49　刮除多余黏合剂

（14）夹紧玻璃，直至黏合剂硬化，检查是否漏水，并进行修理。

（15）硬化时间过后，应进行漏水测试。

（16）用密封胶封住漏水部位。

（17）安装挡风玻璃上嵌条，将上嵌条装在车身上，用手轻轻拍紧；然后安装外侧嵌条，安装3只螺钉和外侧嵌条，安装前门密封条。

一、判断题

1. 车门拆卸过程中，应将玻璃和玻璃升降器一起拆下，不需要分离。　　　　（　　　）

2. 挡风玻璃窗框周围的旧玻璃胶需要彻底清除干净，不能有残留。　　　　（　　　）

3. 挡风玻璃安装完成后需要等待一定时间，检验其是否漏水。　　　　　　（　　　）

二、选择题

1. 汽车保险杠总成由外板、缓冲材料和（　　　）组成。

A. 横梁　　　　　　　　　　B. 纵梁　　　　　　　　　C. 吸能盒

2. 汽车车门的拆卸顺序为（　　　）。

A. 门锁→玻璃升降器→内饰板

B. 玻璃升降器→门锁→内饰板

C. 内饰板→玻璃升降器→门锁

三、简答题

1. 分析总结汽车保险杠系统的拆装过程。

2. 简述汽车车身玻璃的更换步骤及注意事项。

情境二

钣金修复模块

20 40 60 80 100

项目三
汽车钣金工具与设备

学习目标

（1）知道板件手工修复工具的种类、特点和应用场合。

（2）掌握板件敲击后的变形特点。

（3）能使用钣金锤、顶铁、撬板等常见手工工具进行变形板件的修复。

（4）掌握车身锉刀的使用方法，并能够利用其检查修复面板平整度。

（5）能使用气动拉铆枪进行铆接。

（6）知道气体保护焊的种类、特点、基本组成和工作原理。

（7）掌握 CO_2 气体保护焊的安全防护措施。

（8）会对气体保护焊的工艺参数进行选择和调整。

（9）能进行 CO_2 气体保护焊的薄板对缝焊和填孔焊。

（10）能叙述电阻点焊的焊接原理、类型及特点。

（11）知道挤压式电阻点焊机的基本构成和不同材质板件的点焊方法。

（12）能分析电阻点焊常见质量问题及原因，清楚焊接工艺参数对焊点质量的影响。

（13）能根据钢板的不同厚度规范地完成电阻点焊机的检查和调整，进行焊接参数的设定与试焊及质量检验作业。

（14）正确完成薄钢板的电阻点焊。

（15）知道整形机的基本结构和工作原理。

（16）理解电加热收火的基本原理。

（17）能使用整形机对凹陷门板进行修复。

（18）会检查修复效果。

一、汽车钣金手工工具

对钣金件凹凸不平以及变形的校正是汽车车身修理操作的主要项目，其中手工校正更是不可缺少的一环，它需要各种钣金手工工具与校正设备。

（一）钣金锤的分类

汽车车身修复中会用到不同样式与多种规格的钣金锤，这些钣金锤分别用于金属板件的粗加工、精加工校正及其他特殊用途。

板件的粗加工主要包括汽车车身的重新定位与校直、已撞并变瘪车身的敲平、零部件内部形状或车身加强件的整形与校正等；板件的精加工主要是指对粗加工后留下的小凸起与凹坑进行敲平，以使板件表面更加平整和光滑。

钣金锤主要有球头锤、鹤嘴锤、收缩锤、鸭嘴锤、橡皮锤、木锤等几种类型，如图3－1所示。

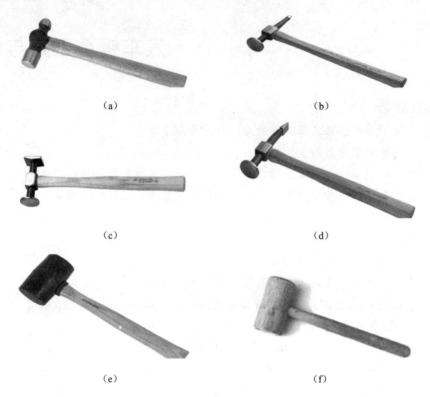

图 3 – 1　钣金锤

（a）球头锤；（b）鹤嘴锤；（c）收缩锤；（d）鸭嘴锤；（e）橡皮锤；（f）木锤

1）球头锤

球头锤又称圆头锤，一端是球头形，另一端是圆形平面锤头。球头锤主要用于圆弧板件面的粗整形，以及对板件进行敲打、校正，还可对铆钉头部进行敲平。

2）鹤嘴锤

该钣金锤一端为圆形尖头，另一端为圆形圆头。鹤嘴锤主要用于精加工钣金件的表面，对粗加工留下的小凹坑进行敲平，主要目的是整平板件表面。

3）收缩锤

在钣金件的粗加工修复中，收缩锤主要用来敲平焊点与焊缝、整平金属表面，还可以初步校正质量较大的金属板件及平整非常皱的金属表面，同时不会使金属产生大规模的延展。锤面呈锯齿状，敲到铁板上会留下细小的点痕，可有效控制整平过程中产生的金属延展。

4）鸭嘴锤

鸭嘴锤主要用于敲击平面，也可以敲击较深的凹陷和边缘拐角，是外板整形的主力。锤头有圆有方，锤面平整略有弧度，用于整平外板。

5）橡皮锤

橡皮锤用于修复表面微小的凹陷，而不损坏表面的光泽，不会损坏油漆表面。在柔和敲击过程中，实现小划痕、小凹陷等无掉漆修复。

6）木锤

木锤具有轻质木质锤头，在外板整平时可有效抑制金属延展。

（二）钣金锤的使用

钣金锤的操作方法：

（1）通过训练掌握钣金锤的使用方法。

（2）使用前擦净锤面及手柄上的油污，以免滑脱伤人。

（3）检查手柄是否松动，以免锤头脱出造成事故。

钣金锤的操作步骤：

步骤1：用手轻握钣金锤手柄的端部（相当于手柄全长1/4位置）。

说明：握锤时锤柄下面的食指和中指应适当放松；小指和无名指应相对紧一些，使之形成一个比较灵活的转轴。

步骤2：敲击工件时，眼睛注视工件，找准敲击落点。正确地握持、摆动钣金锤进行敲击工作，工件表面留下平整的敲击记号，如图3－2所示。

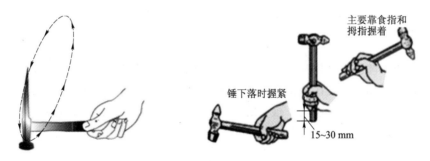

图3－2　钣金锤的使用方法

说明：敲击作业质量的关键在于落点的选择，一般应遵循"先大后小，先强后弱"的原则，从变形较大处按顺序敲打，保证锤头以平面落在金属表面。同时还要注意钣金件的结构强度，有序排列钣金锤的落点。

步骤3：用手腕摇动的方法轻轻敲击车身构件表面，并利用钣金锤敲击零件时产生的回弹力做圆圈运动。

（三）汽车钣金辅具

1. 垫铁

垫铁是由高强度钢制成的铁砧，主要用在车身修复中前期的锤击加工与粗加工中。鉴于金属板件形状和结构的不同，垫铁的形状也有多种类型。通常情况下，垫铁根据形状可分为低隆起、中隆起、高隆起、平凸起及组合（几种隆起的组合）垫铁等几种，每种形状的垫铁一般只适用于相对应的特定形状的金属板件。垫铁有正托法和偏托法两种使用方法。

　　垫铁正托法：垫铁垫放在钣金凸起的正下方，用手锤在凸起的正上方敲打，使钣金恢复形状。手锤的敲击力通过钣金传至垫铁，实际上是手锤和垫铁双向敲打。手锤打击力较大，垫铁回弹力也较大，垫铁击打钣金的背面；垫铁紧紧靠在钣金上，击打力大，展平作用大。击打力的大小，视钣金的厚度和变形程度而定，手锤和垫铁的击打，难免造成钣金伸张过大或附加变形，修整的好坏和速度全靠手工技术。

　　垫铁偏托法：垫铁垫放在钣金变形的侧方，用手锤敲打凸起物的上方，利用垫铁的回弹力击打垫铁上方凸起，可使较大面积的变形缓慢得以恢复。偏托与正托的道理是一样的，实际应用中，视变形部位的变形情况钣金工可灵活运用。

　　偏托法操作要领如图3-3（a）所示，操作时，将垫铁置于金属板背面的最低处，钣金锤则在另一面敲击变形的最高处，锤击时垫铁也作为敲击工具。

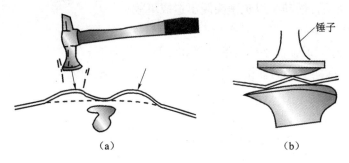

锤子

（a）　　　　　　　　　　　（b）

图3-3　垫铁的操作方法
（a）偏托法；（b）正托法

　　当修整金属板件凹陷部位时，可以将垫铁直接抵在凹陷中心的下方，同时使用两把钣金锤击打凹陷的边缘和高出的区域，直到凹陷部位升起，与周围的板件平齐。这种偏托法操作可以避免修复过程中的受力不均。很小的压痕、很浅的起伏、轻微的皱褶都可以用这种方式拉伸，而不会损坏漆层。

　　正托法操作要领：正托法的目的在于使钣金件表面恢复到原有的形状，这种钣金操作对于修复隆板和平整较小的凸起十分有效。操作时，如图3-3（b）所示，将垫铁直接置于金属板背面凸起部位，用钣金锤在另一面直接锤击变形部位。应选择端面合适的垫铁紧贴于小凹凸的背面，用平锤轻轻敲击金属表面的凸起或小凹陷的周围，使板类构件表面变得更加光滑、平整。所选用垫铁端面形状应与被修正壁板的表面相当，垫铁的工作面也应与变形相当。

　　根据情况可以手握垫铁，在被敲打板件的背面顶住，对板件正面的对应部位进行敲打，此时垫铁将产生弹力使顶的位置发生位移。因此，在每次敲打后，应对垫铁所顶位置进行调整。如此反复，通过垫铁与锤子的相互配合就会使板件的凸起部位逐渐下降，使板件凹陷的部位逐渐隆起，直至使板件初步恢复平整，为下一步的修整和精加工打好基础。

　　在粗加工过程中，钣金垫铁相当于一个敲击工具，垫铁敲击或压迫损伤的车身覆盖件的内面，顶起金属板的内面并展平弯曲变形的金属。在精加工过程中，钣金垫铁可以用来平滑较小或较浅的不平。此外，钣金垫铁还可以视需要延展金属和消除内应力。

　　在所有的敲打和拉展的操作中，应将垫铁放在受损板件的内面，用前臂对其施加压力而使其抵在金属的内表面上。敲击时，垫铁起到了铁砧的作用。

　　垫铁通常分为通用垫铁、低隆起垫铁、足尖形垫铁和足跟形垫铁等几种，如图3-4所示。

图 3 - 4　垫铁

（1）通用垫铁。通用垫铁含有多种隆起（高、中、低隆起及平凸起等），主要用来粗加工车身上的不同曲面以及挡泥板上的隆起部分，也可以校正轮缘、装饰条及挡泥板的凸缘，修整焊接区，收缩隆起的金属面等。

（2）低隆起垫铁。这种垫铁的隆起较低，且质量较大，在平面金属板上很容易控制，不易移位，因而通常用来减薄金属板件，并可收缩薄金属板件。例如，可用低隆起垫铁对汽车发动机罩、车门内侧、柱杆顶部以及挡泥板的隆起面与平面等进行相应的钣金加工。

（3）足尖形垫铁。这种垫铁是一种组合平面的垫铁，是专门设计的，非常适合对板件进行粗加工，它一面微微隆起，另一面非常平整，主要用来收缩挡泥板裙板、柱杆顶部、车门板及汽车其他各种盖板，也能将挡泥板底部制成凸缘与卷边。需要注意的是，在使用这种垫铁时，不能过度锤击。根据板件选择足尖形垫铁时，应使垫铁隆起的直径比板件加工部位隆起的直径稍微小一些。工作中应随时清理垫铁的工作表面，使其保持干净和光滑，不能有毛刺，不应存有涂料及油污，否则会影响钣金加工的质量。

（4）足跟形垫铁。足跟形垫铁也是专门设计的一种组合平面垫铁，与足尖形垫铁相比隆起要大许多。它的使用与足尖形垫铁相同，主要用来在金属板件上形成较大的凸起，校正长形构件、平面构件和低隆起或高隆起的板件等。

2. 打板

打板如图 3 - 5 所示，也叫作线凿，用于修复筋线部位，修出来的筋线又直又板。

图 3 - 5　打板

3. 撬镐和冲头

1）撬镐和冲头的用途与类型

当损坏的车身板件已经经过校正、拉直等粗加工后，如果表面仍存在一些小的不规则麻点或小凹点，而用常规的工具（如镐锤）不能去除时，就应选用撬镐和冲头进行精加工。

（1）撬镐。

撬镐适用于钣金面的内侧等狭窄而垫铁不易伸入的部位，它可以伸入狭小的空间内，撬起小的凹痕和沟缝。

小弧度撬镐如图3-6（a）所示，端部为一个小弧度的镐头，U形端为把手，用在车门、车门槛板和后顶盖侧板等处。使用时，把撬镐通过板件上的孔穿入结构内部，使镐头对准板件上小的凹点，在把手上用力撬即可。

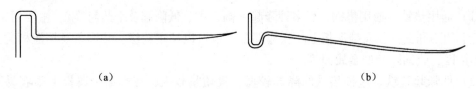

（a）　　　　　　　　　　　　　（b）

图3-6　撬镐

（a）小弧度撬镐；（b）大弧度撬镐

大弧度撬镐如图3-6（b）所示。与小弧度撬镐形状相似，但镐头长，用在需要较长镐头才能达到凹痕的情况下。

撬镐常用于消除车门、侧围板和其他封闭断面上的小凹痕。图3-7所示为撬镐伸入车门面板后面，撬出车门小凹痕或沟缝的实例。

（2）冲头。

弯头精修冲头如图3-8（a）所示，用在一般工具较难达到，需要弯曲工具才能触及的地方，例如车门立柱、顶盖横杆、车门板的外侧部位和车门槛板等。

钩头精修冲头如图3-8（b）所示，用在可以在板件损坏部位附近打孔，使钩头精修冲头塞入的情况。也可以用于把车门窗框处的板件和后备厢板件凹陷的地方撬起。

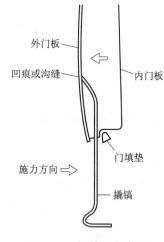

图3-7　撬镐修复车门

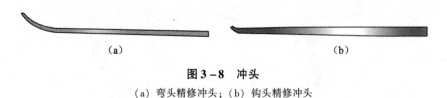

（a）　　　　　　　　　　　　　（b）

图3-8　冲头

（a）弯头精修冲头；（b）钩头精修冲头

2）撬镐和冲头的基本使用技能

撬镐和冲头用来撬起那些由于内部结构件的干涉而不能用常用的锤击方法进行修复的损坏区域。

如图3-9所示，可以用撬镐把凹陷点撬起。首先用冲头在内部结构件上适当部位冲出孔，以利于使用撬镐和在敲平中调整接触部位。然后将撬镐或冲头直接插入板件下部，通过撬镐的头部将合适大小的凸出点撬起。由于撬杠要比冲头长一些，因而它们能伸及的范围也要大一些，所以它们一般用来撬起内部板件总成上的凹陷；而冲头用于修理车身板件的外部和边缘。

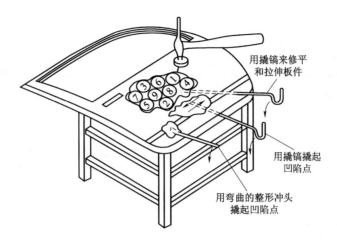

用撬镐来修平
和拉伸板件

用撬镐撬起
凹陷点

用弯曲的整形冲头
撬起凹陷点

图 3 - 9　钣金锤与撬镐配合修复车门

4. 车身锉刀

1）车身锉刀的用途与类型

车身锉刀是用来修整锤、垫铁、修平刀等钣金工具作业留下来的凸凹不平痕迹的钣金专用工具，它与锉削金属件的一般锉刀是有区别的。车身锉刀只与凸起金属材料接触，适用于对加工后较粗糙的表面进行光洁处理作业。另外，利用车身锉刀还可以检验钣金平面修复是否平整。在被撞板件已经被粗加工后，可轻轻地使用车身锉刀，目的不是锉掉金属，而是通过锉痕找出不平处的位置，显露出板件上需要再加以敲击的小的凸点和凹点，以便再用手锤和垫铁来修复使其平整。

经锉加工后，再进行砂轮的最终打磨，就可以完成金属精加工的全部工作。图 3 - 10 所示为常用的车身锉刀。

（a）　　　　　　　　　　　　（b）

图 3 - 10　车身锉刀
（a）柔性锉刀；（b）固定式锉刀

（1）柔性锉刀。

撞伤板件粗加工和校正工作完毕后，可以用柔性锉刀使板件上任何需加工的凹凸点显露出来。无论板面是平面还是凹凸面，柔性把柄都可以调整锉片的弯曲度，让锉刀的形状更好地配合板面的形状。但是不要让锉片过度弯曲，以防把锉片折断。调整锉片前，应首先松开把柄上的固定螺钉，调整完毕后再拧紧它。

（2）固定式锉刀。

该锉刀是锉平金属板的理想工具。

（3）弧形锉刀。

弧形锉刀如图 3 - 11 所示，也称为曲面锉刀，用来修整尖的隆起面、折边和装饰条的平直程度。

图 3-11　弧形锉刀

注意：禁止使用锉刀去撬或击打，因为锉刀所用的钢较硬，非常容易被击碎。

2）车身锉刀的基本使用技能

敲平作业过程中，对稍大一点的凹凸检查起来比较直观，但当作业接近终了时，就需要借助车身锉刀来检查不平部位之所在。使用车身锉刀的目的在于检验而并非将板面修平，旨在通过锉刀滑过时产生的痕迹（俗称撞一下），来显示板面的实际凹凸状况，表面留有锉痕的部位为凸点，无锉痕的部位则为凹陷。然后再用平锤或风镐等工具修平。

在锉削的过程中，应该握住手柄向前推。用手握住锉刀的头部，以便控制压力的大小和方向。每次锉削的行程应尽量拉长，从未损坏区的一边开始挫削，然后穿过损坏区，到达未损坏区的另一边。采用这种方法时，未损坏区和损坏区的正确平面都能够得到保持。锉削开始时，锉刀的前端起作用，然后使锉齿的锉削作用移到中间或尾端，就形成一个工作行程，使锉齿从前端到尾端都有锉削作用，行程要长而有规律，不可短而杂乱。在返回的行程中，用手柄将车身锉刀从金属上拉回。

使用车身钣金锉刀作业时，要呈一适当的角度而不是顺着锉刀直行前进。如果顺着锉刀直进的话，会把钣金面锉出凹痕，而且仅轻轻加压力于锉刀上进行推锉即可，太重的压力将使锉刀过分切削金属面，但是也需要有适当的压力以防止锉刀跳动。

检查弧形板面时，最好使用可调柔性锉刀，因为这种类型的柔性锉刀压到弧形板面上时，可通过调整使两端留有一定间隙，给操作带来很大方便。

当锉削一个很平坦的部位时，将锉刀与推进方向呈30°水平地推，也可将锉刀平放，沿着30°斜角的方向，如图3-12所示。

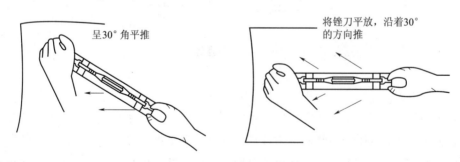

呈30°角平推

将锉刀平放，沿着30°的方向推

图3-12　平坦面锉刀用法

在隆起的金属板上，应将锉刀平放，并沿着变平的凸起处平推，或者沿着凸起处最平坦的方向平放，以30°或更小的角度向一边推，如图3-13所示。

3）检查

对锉刀磨削过的平面进行检查，低凹点没有划痕，平整面有锉出的整齐纹路，如图3-14所示。

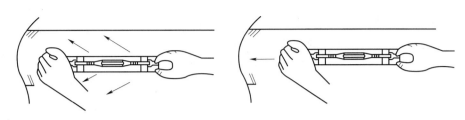

图 3 – 13　隆起面锉刀的用法

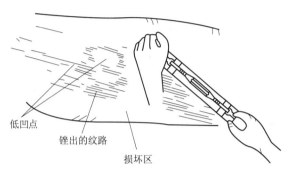

低凹点

锉出的纹路

损坏区

图 3 – 14　板面锉痕检验

5. 铆枪

铆枪是车身修复作业中不可缺少的工具，用弹射铆钉枪进行铆接是十分方便的。图 3 – 15（a）所示为气动铆枪。

图 3 – 15（b）所示为铆接过程示意图。先将铆钉组件插入被连接件的通孔中，用铆钉器将外伸的铆钉杆拉断，铆接即告成功。

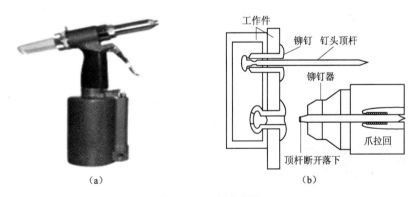

工作件

铆钉　钉头顶杆

铆钉器

爪拉回

顶杆断开落下

（a）

（b）

图 3 – 15　钣金铆接

（a）气动铆枪；（b）气动拉铆过程示意

✳ 二、汽车车身修复设备

（一）CO_2 气体保护焊的原理

依靠从喷嘴中送出的气流，在电弧周围造成局部的气体保护层，使电极端部、熔滴和熔池与空气机械地隔离开来，从而保证了焊接过程的稳定性，并获得高质量的焊缝。

CO_2 气体保护焊的原理如图 3 – 16 所示。焊接时，CO_2 气体通过焊枪的喷嘴，沿焊丝周围喷射出来，在电弧周围形成气体保护层，机械地将焊接电弧及熔池与空气隔离开来，从而避免了有害气体的侵入，保证焊接过程的稳定，以获得优质的焊缝。

焊接是对被焊接件进行整体或局部的加热，使焊接件焊接部位的金属材料熔化成原子结合并产生一定塑性变形，进而实现永久性链接的一种工艺方法。相比于其他连接方法，焊接方法操作简单、省材、快速、密封性能好。

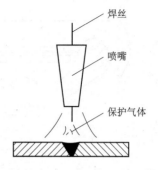

图 3 – 16　CO_2 气体保护焊的原理

汽车车身多是由型钢或钢板等构成的，常用的焊接方法主要有手工电弧焊、气焊、点焊、钎焊及气体保护焊等。

由于薄钢板、高强度钢板、超高强度钢板及铝合金板在现代汽车车身特别是轿车上的大量使用，在车身焊接中采用普通的手工电弧焊及气焊操作很容易产生各种各样的焊接缺陷，如焊穿、过热、裂纹及过大变形等。所以在车身实际焊接修复中，手工电弧焊和气焊焊接法的使用越来越少，本书只对常用的惰性气体保护焊、点焊及其使用进行介绍。

CO_2 气体保护焊是用 CO_2 作为保护气体，依靠焊丝与焊件之间产生的电弧来熔化金属的气体保护焊，简称 CO_2 焊。

CO_2 气体保护焊机是焊装车间较多的设备之一，相对于手工电弧焊来讲，它具有焊接稳定、无焊渣、自动送丝等优点，但也存在飞溅大等缺点。CO_2 气体保护焊机按结构来分主要包括焊接电源、供气系统、送丝机构、焊炬及其他各种附件等，如图 3 – 17 所示。

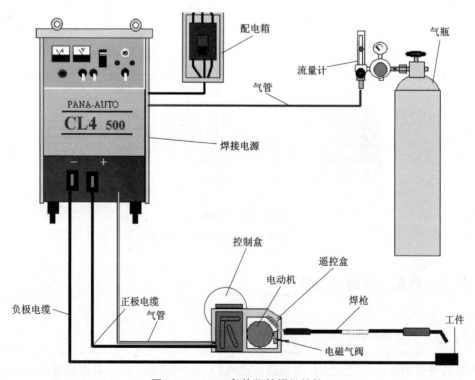

图 3 – 17　CO_2 气体保护焊机结构

（二）CO₂ 气体保护焊机设备

1. 焊接电源

CO₂ 气体保护焊机的电源部分主要是一台变压器，它具有将 380 V 的高压电转变为 36 V 安全电压的功能。另外，焊接过程对电源的稳定性有较高的要求，因此焊接电源具有较好的稳压作用。汽车车身修复中使用的焊接电源要比一般工业中的焊接电源好一些，能适应焊接薄金属板的要求，其输出电压及输出电流比较稳定，否则焊接质量不能保证。

2. 减压表

减压表能精准地显示出气瓶内气体的压力值，能对气体进行减压，能调节气体的流量，还能显示气体的流量。CO₂ 减压表在减压阀的后面还有一个加热器，如图 3-18 所示。由于 CO₂ 在气瓶内是以液态形式存储的，经减压变为气态后会吸收大量的热，从而使管路温度迅速降低，甚至出现结冰现象，从而堵塞气路，影响焊接质量，所以用加热器对温度较低的 CO₂ 气体预热可以保证气路的畅通，进而确保焊接质量。使用中，减压表的指示值基本保持不变，而当 CO₂ 快用尽时，减压表的指示值会减小，表明需要充气。

加热器的功率为 75～150 W，额定电压有 AC 36 V 和 AC 220 V 两种。在某些 CO₂ 焊机上，其背面有 36 V 输出插座，而有些焊机上没有。对于有 36 V 输出插座的焊机，安装两种额定电压的加热器均可；对于没有 36 V 输出插座的焊机，则只能安装 220 V 的加热器（将加热器插在外接电源上）。若将 36 V 的加热器插在 220 V 的电源上，很快会被烧毁；若将 220 V 的加热器插在 36 V 的插座上，则几乎起不到加热的作用。加热器损坏后，会导致减压阀处结冰，从而堵塞 CO₂ 气路。

3. 焊丝

因 CO₂ 是一种氧化性气体，在电弧高温区分解为 CO 和 O₂，具有强烈的氧化作用，使合金元素烧损，所以 CO₂ 焊时为了防止气孔，减少飞溅和保证焊缝较高的机械性能，必须采用含有 Si（硅）、Mn（锰）等脱氧元素的焊丝。常用焊丝直径为 0.6～0.8 mm。

CO₂ 焊使用的焊丝既是填充金属又是电极，所以焊丝既要保证一定的化学性能和机械性能，又要保证具有良好的导电性能和工艺性能。CO₂ 焊焊丝分为实芯焊丝和药芯焊丝两种，如图 3-19 所示。目前，我国 CO₂ 焊用的主要焊丝品种是 H08Mn2Si 类型，牌号中带有 A 符号的为优质焊丝，其杂质 S 和 P 的含量限制得比较严格。

图 3-18　CO₂ 减压表

图 3-19　CO₂ 焊焊丝

4. 送丝机构

送丝机构用来在焊接过程中控制焊丝送进的速度，通过压紧手柄来加快送丝速度，反之变慢。根据送丝机构中的主动轮数量，送丝机构有单轮送丝机构和双轮送丝机构两种，相比较而言，双轮送丝机构的送丝较稳定。CO_2 焊送丝机构如图 3 - 20 所示。

图 3 - 20　CO_2 焊送丝机构

5. 搭铁线及电缆

车身构件的焊接部位要与搭铁接线连接，与电缆一起形成回路。

6. 焊炬

喷嘴和导电嘴是焊炬的主要易损件。

喷嘴一般为圆柱形，以使 CO_2 气流从喷嘴中流出时形成具有一定挺度的层流，可以对焊接电弧区起到良好的保护作用。喷嘴应与导电部分绝缘以免打弧。在实际使用中，为减少飞溅黏附在喷嘴上，还在喷嘴表面涂以硅油（焊膏）。

对于导电嘴，首先要求其材料导电性能好、耐磨性能好、熔点高，故一般采用纯铜。另外，对导电嘴的孔径和长度也有严格的要求。孔径（D）与焊丝直径（d）的关系式如下：$d < 2.0$ mm 时，$D = d + (0.1 \sim 0.3)$ mm；$d = 2 \sim 3$ mm 时，$D = d + (0.4 \sim 0.6)$ mm。

7. 保护气

焊接采用的 CO_2 常为装入钢瓶中的液态 CO_2。钢瓶中的液态和气态 CO_2 约分别占钢瓶容积的 80% 和 20%，气瓶压力表指示的压力值，是这部分气体的饱和压力。为减少 CO_2 气体中的水分，可将气瓶倒置 $1 \sim 2$ h，然后拧开气阀 $2 \sim 3$ s 将水放掉，每半小时放一次，放 $2 \sim 3$ 次。此外，也可在焊接气路系统中串联一个干燥器或加热器。

（三）CO_2 气体保护焊操作

1. 安装焊接设备

1）连接电缆

CO_2 气体保护焊电源连接方式如图 3–21 所示。

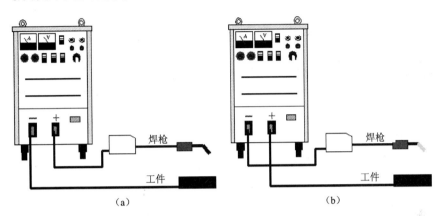

图 3–21 CO_2 气体保护焊电源连接方式

（a）直流反极性接法；（b）直流正极性接法

反极性特点：电弧稳定，焊接过程平稳，飞溅小。

正极性特点：熔深较浅，余高较大，飞溅很大，成形不好，焊丝熔化速度快（约为反极性的 1.6 倍），只在堆焊时才采用。

CO_2 焊、MAG 焊（活性气体保护电弧焊）和脉冲 MAG 焊一般采用直流反极性接法。

2）连接保护气

（1）所连接的保护气体应根据焊件的类型来选择，具体如下：

① 焊件为钢材时，选用 CO_2 或 CO_2 + Ar 混合气体为保护气体。

② 焊件为铝材时，选用 Ar 或 Ar + N_2 混合气体为保护气体。

③ 焊件为不锈钢时，选用 Ar，再适当加入 4% ~5% 的 O_2 形成混合气体保护。

（2）将气瓶用链条紧固于基座上，从而使气体保护焊机与气瓶连接在一起，方便作业中的位置移动，并防止气瓶随意滚动而发生危险。

（3）在气瓶的出口接头处将减压表装上，并将加热器通电。

保护气体特性参考如表 3–1 所示。

表 3–1 保护气体特性参考

混合气	参考配比	使用范围
Ar + O_2	1% ~2% O_2	不锈钢或高合金钢
	O_2 含量≤20%	碳钢和低合金钢
Ar + CO_2	配比可任意调整 （CO_2 含量≥25% 时呈 CO_2 电弧特性）	碳钢和低合金钢

续表

混合气	参考配比	使用范围
$Ar + O_2 + CO_2$	2% O_2 和 5% CO_2	不锈钢或高合金钢（焊不锈钢时 CO_2 仅用微量，焊超低碳不锈钢不推荐含 CO_2）
	80 : 15 : 5	碳钢和低合金钢

注：① 表中的配比为参考值，在实际焊接中成分、配比均可以变化；
　　② 焊接碳钢、低合金钢时混合气体不必用精氩，用粗氩即可。

3）安装焊丝

车身修复中使用的焊丝直径一般为 0.6 ~ 0.8 mm，其中直径为 0.6 mm 的焊丝使用较多。

焊丝安装一般应符合以下要求：

（1）确保焊丝导向装置、送丝管、焊炬导电嘴以及送丝轮轴槽的尺寸与所选用焊丝的规格一致。

（2）动手将焊丝向前送出，以确保焊丝能顺利通过送丝导管及焊炬导电嘴。

（3）压紧操作手柄。

注意： 加在送丝轮上的压力要恰当，压力过大时，焊丝不但发生拉伸变形，而且将在送丝管内产生螺旋转动效应，致使送丝速度不稳定，影响焊接过程；压力过小时，焊丝则会在焊炬喷嘴处受到阻碍，致使不能正常送进，同样影响焊接过程。

2. 参数调节

1）焊接电流

根据焊接条件（板厚、焊接位置、焊接速度、材质等参数）选定相应的焊接电流，如表 3 - 2 所示。CO_2 焊机的焊接电流必须与焊接电压匹配，一定要保证送丝速度与焊接电压对焊丝的熔化能力一致，以保证电弧长度的稳定。焊接电流对焊缝的形状尺寸有较大的影响，对于一定的焊丝直径，所使用的焊接电流有一定的范围。当焊丝直径不变时，提高焊接电流，熔深相应增加，熔宽略有增加，焊丝的熔化速度也相应地提高，可以提高生产率，但不能任意使用大电流，因为电流过大可造成焊缝成形气孔和烧穿现象。反之，若焊接电流太小，则电弧不稳定，容易产生焊不透，焊缝成形差。

表 3 - 2　焊接电流、电压调节参数

焊丝直径/mm	焊接电流/A	电弧电压/V	焊丝直径/mm	焊接电流/A	电弧电压/V
0.5	30 ~ 60	16 ~ 18	1.0	70 ~ 120	18 ~ 22
0.6	30 ~ 70	17 ~ 19	1.2	90 ~ 200	19 ~ 23
0.8	50 ~ 100	18 ~ 21	1.6	140 ~ 300	24 ~ 28

2）电弧电压

焊接电压即电弧电压，提供焊接能量。

电弧电压是指导电嘴到工件之间的电压，也是重要的参数，它首先影响到焊接过程的稳定性。此外，对焊缝的成形、飞溅的多少、焊接缺陷的产生、短路频率及焊缝的机械性能都有很大影响，要获得稳定的焊接过程和良好的焊缝成形，要求电弧电压和焊接电流有良好的配合，应该按照所采用的焊接电流来选择合适的电弧电压值。当电弧电压提高时，熔宽显著增加，但熔深和加强高有所减少，过高的电弧电压是产生气孔和飞溅的主要因素之一。要获得稳定的焊接过程及满意的焊接接头，可参考表3-2进行选择，但对于一定的电流值，最佳的电弧电压往往只有1~2 V的偏差，所以当电流值选定后，电弧电压再加以准确和仔细调整。

一般情况下，电压偏高时，弧长变长，飞溅颗粒变大，易产生气孔，焊道变宽，熔深和余高变小，如图3-22（a）所示；电压偏低时，焊丝插向母材，飞溅增加，焊道变窄，熔深和余高变大，如图3-22（b）所示。

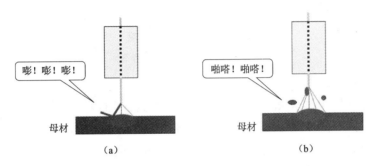

图3-22　电压对焊接质量的影响

（a）电压过高；（b）电压过低

钣金维修中使用的CO_2气体保护焊的电弧电压有控制系统自动调节的作用。

3）焊炬喷嘴

首先，将导电嘴调整到距离喷嘴3 mm左右的位置；其次，调整焊丝伸出长度。焊丝伸出长度是指焊丝从导电嘴出口到末端的那段距离。焊丝伸出长度增加，则使焊丝的电阻值增加，造成焊丝熔化速度加快，当焊丝伸出长度过长时，因焊丝过热而成段熔化，结果使焊接过程不稳定、金属飞溅严重、焊缝成形不良和气体对熔池的保护作用减弱；反之，当焊丝伸出长度太短时，则焊接电流增加，并缩短了喷嘴与焊件之间的距离，使喷嘴过热，造成金属飞溅物粘住或堵塞喷嘴，从而影响气流的流通。所以，恰当的长度为焊丝直径的10~20倍，即8~10 mm。若焊丝伸出长度太长，可用钳子将其剪掉至合适范围；接着，清理喷嘴处的飞溅物。利用锉刀等工具彻底清理喷嘴处的飞溅物，并检查焊丝能否平稳送出。最后，检查导电嘴，若损坏应及时更换，保证焊接顺利进行。焊炬喷嘴调节如图3-23所示。

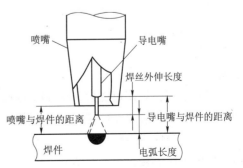

图3-23　焊炬喷嘴调节

4）焊炬焊接角度

（1）右向焊法，如图3-24（a）所示。

采用右向焊法时，熔池可见度及气体保护效果较好，但焊接时不便观察接缝的间隙，容易焊

偏。其特点是余高大，焊缝宽，飞溅大，熔深大。熔池能得到良好的保护，且加热集中，热量可以充分利用，并由于电弧的吹力作用将熔池金属推向后方，可以得到外形比较饱满的焊缝。

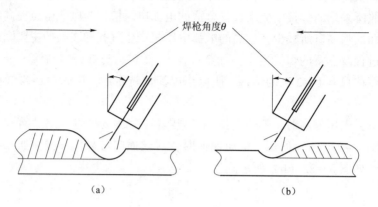

图3-24 焊炬焊接角度

（a）右向焊法；（b）左向焊法

（2）左向焊法，如图3-24（b）所示。

采用左向焊法时，电弧对焊件有预热作用，能得到较大的熔深，焊缝成形得到改善。虽然左向焊法观察熔池有些困难，但能清楚地看到待焊接头，易掌握焊接方向，不会焊偏。所以CO_2气体保护焊一般采用左向焊法。其特点是焊缝余高小，宽度大，飞溅小，焊接过程稳定，气体保护效果好，焊缝成形比较平整美观。

5）气体流量

CO_2气体流量主要影响对熔池的保护效果。保护气体从喷嘴喷出时要有一定的挺度，才能避免空气对电弧区的影响。不同的接头形式、焊接参数和作业条件，要求有相应的气体流量。当焊接电流越大、焊接速度越快、焊丝伸出长度越长时，气体流量应越大。一般情况下，细丝焊接时为6~15 L/min，粗丝焊接时为20~30 L/min。若气体流量太大，气体冲击熔池，同时冷却作用增加，并且使保护气流紊乱，产生气孔等缺陷；若气体流量太小，气体挺度不够，降低了气体对熔池的保护作用，也会产生气孔等缺陷。

6）焊接速度

在选择焊接速度时，不应追求过高的焊接速度，而应首先考虑到焊接质量，随着焊接速度的增大，熔宽降低，熔深和加强高也有一定的减少。当焊接速度过快时，气体保护作用受到破坏，同时焊缝的冷却速度加快，降低了焊缝的塑性，并使焊缝成形不好，易出现咬肉等缺陷。当焊接速度过慢时，熔宽过大，熔池变大，热量集中，容易出现烧穿或焊缝组织粗大等缺陷；焊接速度过快时，焊道变窄，熔深和余高变小。

半自动焊：焊接速度为30~60 cm/min。

自动焊：焊接速度可高达250 cm/min。

除以上一些主要参数外，焊丝伸出长度、电源极性、回路电感、焊枪倾角、焊缝坡口和焊接位置等对焊接过程都有影响。所以在应用中应根据具体情况来选择，焊接参数调节具体如表3-3所示。

表 3-3　焊接参数调节

参数名称	选择依据	选择方法
焊丝直径	焊丝直径可根据焊件厚度、焊缝空间位置和生产率等要求选择	当对平焊位置进行中厚板焊接时，可采用 1.6 mm 的焊丝；当对薄板或中厚板进行立、横、仰焊时，多采用 1.6 mm 以下的焊丝
焊接电流	焊接电流可根据焊件厚度、焊丝直径、焊缝空间位置和所要求的熔滴过渡形式来选择	用直径为 0.8~1.8 mm 的焊丝，短路过渡焊接时，焊接电流在 50~230 A
电弧电压	电弧电压必须与焊接电流配合恰当，当电弧电压增大时，则焊缝宽度相应增大，焊缝余高和熔深减小，反之亦然	在短路过渡焊接时，电弧电压在 16~25 V；在采用直径为 1.2~3.0 mm 的焊丝进行粗滴过渡焊接时，电弧电压可在 25~44 V 选择
焊接速度	随着焊接速度的加快，焊缝的宽度、余高和熔深相应地减小；反之，则增大	半自动焊的焊接速度在 30~60 cm/min；自动焊的焊接速度可稍快些，一般高达 250 cm/min
焊丝伸出长度	焊丝伸出长度是指焊接时焊丝伸出导电嘴的长度，它对焊接过程的稳定性影响很大	焊丝伸出长度取决于焊丝直径，一般焊丝伸出长度以约等于焊丝直径的 10 倍为宜
CO_2 气体流量	CO_2 气体流量应根据焊接电流、焊接速度、焊丝伸出长度及喷嘴直径来选择	当细丝焊接时，CO_2 气体流量为 6~15 L/min；当粗丝焊接时，CO_2 气体流量为 20~30 L/min
电源极性	直流反接与直流正接相比较，直流反接具有电弧稳定、飞溅少、熔深大的特点	为了保证 CO_2 气体保护焊的焊接质量，一般采用直流反接法，即工件接负极，焊枪接正极。在堆焊或焊补铸件时，才用正接法
回路电感	焊接回路中的电感应根据焊丝直径、焊接电流和电弧电压来选择	当使用 0.6~1.2 mm 细丝时，电感值为 0.01~0.16 mH；当使用 1.6~2.0 mm 粗丝时，电感值为 0.3~0.7 mH

3. CO_2 气体保护焊操作要领

1) 引弧

采用短路法引弧，引弧时焊丝与焊件不要接触太紧，引弧前应调节好焊丝的伸出长度，使导电嘴端头与焊件保持 8~10 mm 的距离。按动焊枪开关，随后自动送气、送电、送丝，直至焊丝与工作表面相碰短路，引燃电弧，此时焊枪有抬起趋势，需控制好焊枪，然后慢慢引下向待焊处，当焊缝金属熔合后，再以正常焊接速度施焊。

若焊丝的端部出现球状，则必须预先剪去，否则引弧困难，如图 3-25 所示。

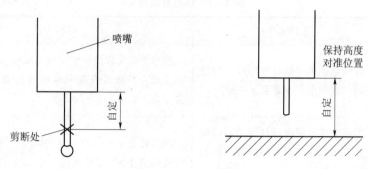

图 3-25 引弧前准备

由于弧焊电源的空载电压低，又是光焊丝，在引弧时，电弧稳定燃烧点不易建立，引弧变得比较困难，往往造成焊丝成段爆断。因此，引弧前要把焊丝伸出长度调好。选择好适当的引弧位置，起弧后要灵活掌握焊接速度，以免焊缝始段出现熔化不良和焊缝堆得过高的现象。引弧过程如图 3-26 所示。若操作不熟练，可双手持枪。

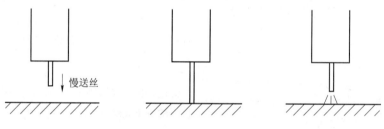

图 3-26 引弧过程

焊接薄板或打底焊的焊接参数：这组焊接参数的特点是焊接电流较小，电弧电压较低。在这种情况下，由于弧长小于熔滴自由成形时的熔滴直径，频繁地引起短路，熔滴为短路过渡，焊接过程中可观察到周期性的短路，电弧引燃后，在电弧热的作用下，熔池和焊丝都熔化，焊丝端头形成熔滴，并不断地长大，弧长变短，电弧电压降低，最后熔滴与熔池发生短路，电弧熄灭，电压急剧下降，短路电流逐渐增大，在电磁收缩力的作用下，短路熔滴形成缩颈并不断变细，当短路电流达到一定值后，细颈断开，电弧又重新引燃，如此不断重复。这就是短路过渡的全过程。

保证短路过渡的关键是电弧电压必须与焊接电流配合好，对于直径为 0.8 mm、1.0 mm、1.2 mm、1.6 mm 的焊丝，短路过渡时的电弧电压在 20 V 左右。采用多元控制系统的焊机进行焊接时，要特别注意电弧电压的配合。

采用一元化控制的焊机进行焊接时，如果选用小电流，控制系统会自动选择合适的低电压，只需根据焊缝成形稍加修正，就能保证短路过渡。

注意：采用短路过渡方式进行焊接时，若焊接参数合适，主要是焊接电流与电弧电压配合好，则焊接过程中电弧稳定，可观察到周期性的短路，可听到均匀的、周期性的"啪啪"声，熔池平稳，飞溅较小，焊缝成形好。如果电弧电压太高，熔滴短路过渡频率降低，电弧功率增大，容易烧穿，甚至熄弧。如果电弧电压太低，可能在熔滴很小时就引起短路，焊丝未熔化部分插入熔池后产生固体短路，在短路电流作用下，这段焊丝突然爆断，使气体突然膨胀，从而冲击熔池，产生严重的飞溅，破坏焊接过程。

2）收弧

焊接结束前必须收弧，若收弧不当容易产生弧坑，并出现弧坑裂纹（火口裂纹）、气孔等缺陷。操作时可以采取以下措施：

（1）气体保护焊机有弧坑控制电路，则焊枪在收弧处停止前进，同时接通此电路，焊接电流与电弧电压自动变小，待熔池填满时断电。

（2）若所用焊机没有弧坑控制电路，在收弧处焊枪停止或因焊接电流小没有使之前进，并在熔池未凝固时，反复断弧、引弧几次，直到弧坑填满为止。操作时动作要快，若熔池已凝固才引弧，则可能产生未熔合及气孔等缺陷。

不论采用哪种方法收弧，操作时都需特别注意，收弧时焊枪除停止前进外，还不能抬高喷嘴，即使弧坑已填满，电弧已熄灭，也要让焊枪在弧坑处停留几秒后才能移开，因为灭弧后，控制线路仍保证延迟送气一段时间，以保证熔池凝固时能得到可靠的保护；若收弧时抬高焊枪，则容易因保护不良引起缺陷。

3）接头

CO_2 气体保护焊不可避免地要有接头，为保证接头质量，建议按下列步骤操作：

在斜面顶部引弧，引燃电弧后，将电弧移至斜面底部，转一圈返回引弧处后再继续向左焊接，如图 3 – 27 所示。

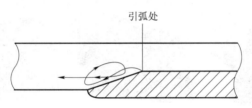

图 3 – 27　接弧操作

注意：这个操作很重要。引燃电弧后向斜面底部移动时，要注意观察熔孔，若未形成熔孔，则接头处背面焊不透；若熔孔太小，则接头处背面产生缩颈；若熔孔太大，则背面焊缝太宽或焊漏。

焊接操作如图 3 – 28 所示。

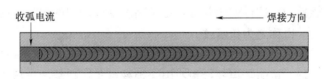

图 3 – 28　焊接操作示意图

4）焊接位置

CO_2 气体保护焊焊接位置有平焊、横焊、立焊和仰焊四种，如图 3 – 29 所示。

（1）平焊：一般采用左向焊法，焊枪做直线移动。

（2）立焊：立焊有两种方式，即向上立焊和向下立焊。钣金维修中常采用向下立焊。

（3）横焊：焊枪一般采用直线移动送丝方式，可做小幅度的前后往复摆动。

（4）仰焊：焊接时，CO_2 气体流量略大，采用小幅度的往复摆动。

图 3 - 29 不同种焊接位置

(a) 平焊；(b) 横焊；(c) 立焊；(d) 仰焊

5）焊接形式

不同的焊接形式如图 3 - 30 所示。

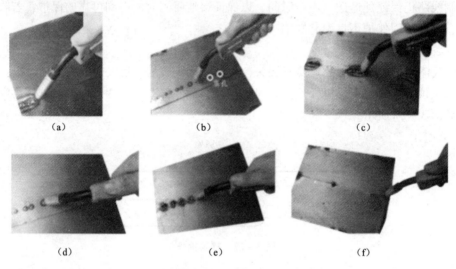

图 3 - 30 焊接形式

(a) 连续焊；(b) 塞焊；(c) 连续点焊；(d) 点焊；(e) 搭接点焊；(f) 定位焊

（1）连续焊：指焊枪连续、稳定地沿焊缝移动而形成连续焊缝的焊接形式，如图 3 - 30 (a)所示。通常焊炬应稳定、缓慢地沿着焊接方向向前运动，最终形成连续焊缝。焊接中应保持焊炬稳定进给，不能晃动，这样就能获得宽度及高度都较均匀的焊缝，而且上面带有许多细密且均匀的焊接波纹，也称之为鱼鳞纹。

在正向焊接中，在焊炬匀速、连续向前移动的同时，应经常对焊缝进行观察。如果发现焊接不能正常进行，就有可能是焊丝过长。因为焊丝过长，焊缝的焊接熔深会变浅。

为了使焊缝的熔深恰当，提高焊接质量，应将焊炬向焊接板靠近。

（2）塞焊：两块金属板叠在一起，在其中一块板上有通孔，将电弧穿过此孔并被熔化金属所填满而形成焊点，称为塞焊，如图 3 - 30 (b) 所示。

在施焊之前，需要在上层板件上加工出合适数量及方位的圆孔，称为塞焊孔，如图 3 - 31所示。通常，在 1 mm 厚的板件上钻直径为 5 mm 的塞焊孔。

注意：当焊接不同厚度的板件时，需将较薄的板件放置于厚板的上部，并在其上钻塞焊孔。

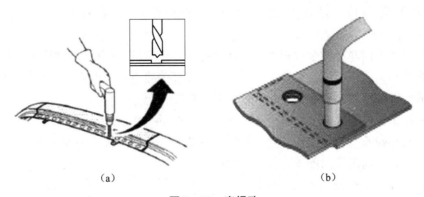

（a）　　　　　　　　　　　　　　（b）

图 3 - 31　塞焊孔

（a）钻塞焊孔；（b）填充塞焊孔

当对多层（多于两层）金属板件进行塞焊时，需要对最底层板件以外的每一层板件都钻塞焊孔，并且在每一层板件上钻出的塞焊孔直径应小于其上一层板件上对应塞焊孔的直径，即最上层板件的塞焊孔直径最大，下面板件的孔径依次逐渐减小，但要求板件之间不能存在明显缝隙，以便保证板件可靠地夹紧在一起。

在焊接过程中，焊炬与被焊接件表面之间应保持一定的角度，并将焊丝放进塞焊孔内。接着，短暂地按下焊接开关，在焊炬与板件之间发出电弧，然后迅速松开触发器，如此反复几次，直至熔融的金属液塞满一孔，随着凝固的完成，板件便焊接在一起了。

在焊接中，务必使焊接效应进入底层板件（即焊透），焊接熔深恰当与否可通过底层板件下表面半球形隆起的有无来判断，当有半球形隆起时，表明焊接熔深恰当（焊透），如图 3 - 32 所示；否则，说明焊接熔深不足，需加大焊接电流等。

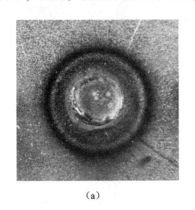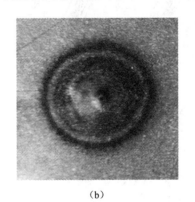

（a）　　　　　　　　　　　　　　（b）

图 3 - 32　塞焊

（a）塞焊正面；（b）塞焊背面

对板件进行多点塞焊时，焊过的焊点需自然冷却后才能对相邻点进行焊接。任意一孔的塞焊应一次连续完成，中间不要间断，尽量避免二次焊接。当出现间断时，会在冷却凝固材料的表面上形成一层氧化物薄膜，并伴随气泡。对于这种情况，为保证能继续施焊，应使用钢丝刷将氧化物薄膜清除掉，然后再焊。

（3）点焊：点焊法是送丝定时脉冲被触发时，将电弧引入被焊的两块金属板，使其局部熔化的焊接形式，如图 3 - 30（d）所示。

（4）定位焊：实际上是临时点焊，是用于保持两焊件相对位置固定不变的一种替代措施，如图3-30（f）所示。

用定位焊将不同厚度的金属板件焊接在一起时，应在较重的板件上焊接较轻的板件。在调整点焊参数时，应该借助金属样品进行。在焊接开关接通后，电弧会在被焊接的两块金属板件间形成，接着两层板件熔化并融合，最终焊接在一起。

在每一次定位焊完成后，均需松开焊接开关，在下一次定位焊时，重新开启。

定位焊质量检验：将焊接在一起的样品试着拉开，若焊接接头很容易被拉开，则表明焊接质量不够，应提高焊接温度或延长焊接时间。

一般定位焊的位置如图3-33所示。

6）CO_2气体保护焊技术在车身中的应用

焊接车身结构件如图3-34所示。

步骤1：用工具撬动底板，使接缝对平齐，如图3-34（a）所示。

步骤2：用夹子夹持工件，并在关键点上进行点焊定位，如图3-34（b）所示。

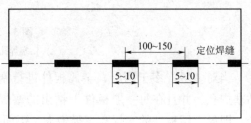

图3-33 定位焊示意图

步骤3：用工具调整对缝高度差，并施点焊定位，如图3-34（c）所示。

步骤4：准备就绪，进行对接焊，如图3-34（d）所示。

注意： 不要从一个点到另一个点连续进行焊接，应间歇地进行焊接。

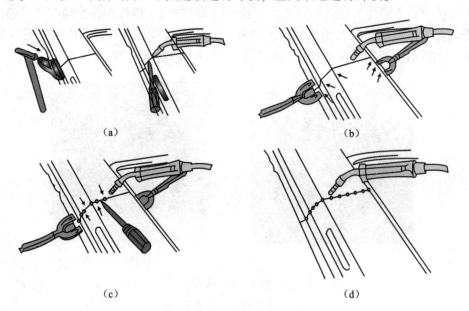

图3-34 焊接车身结构件

7）CO_2气体保护焊操作注意事项

（1）正式焊接之前，应先在相同性质的钢板上进行试焊。

（2）焊接过程中严禁切换焊接电流调整旋钮。

（3）对缝焊接前，一定要预留好焊接缝隙。

（4）焊接前一定要用大力钳夹紧待焊工件。

（5）焊接时，要在喷嘴内壁涂抹少许防堵剂（焊膏）。

（6）焊接过程中，要时刻做到"听声音""感力度""看飞溅"，即要听焊接声音是否柔和连续，感受焊丝是否有少许向上顶枪的力量，看飞溅是否严重。

（7）焊接过程中，若发现焊疤颜色发黄（似烟熏效果）、表面粗糙（似豆腐渣）、针孔增多等现象，则说明 CO_2 保护气体很少，或已经没有保护气体，这时应检查压力表示值，若显示正常，则应检查喷嘴是否堵塞。

（8）操作时一定要做好安全防护。

4. 焊接缺陷分析

焊接缺陷分析如表 3-4 所示。

表 3-4　焊接缺陷分析

缺陷	产生原因	防止方法
裂纹	焊缝深宽比太大；焊道太窄（特别是角焊缝和底层焊道）	增大电弧电压或减小焊接电流，以加宽焊道而减小熔深；减小行走速度，以加大焊道的横截面
	焊缝末端处的弧坑冷却过快	采用衰减控制以减小冷却速度；适当地填充弧坑；在完成焊缝的顶部采用分段退焊技术，一直到焊缝结束
	焊丝或工件表面不清洁（有油、锈、漆等）	焊前仔细清理
	焊缝中含 C、S 量高而含 Mn 量低	检查工件和焊丝的化学成分，更换合格的材料
	多层焊的第一道焊缝过薄	增加焊道厚度
夹渣	采用多道焊短路电弧（熔焊渣型夹杂物）	在焊接后续焊道之前，清除掉在焊缝边上的渣壳
	过高的行走速度（氧化膜型夹杂物）	减小行走速度；采用含脱氧剂较高的焊丝；提高电弧电压
气孔	保护气体覆盖不足；有风	增加保护气体流量，排除焊缝区的全部空气；减小保护气体的流量，以防止卷入空气；清除气体喷嘴内的飞溅；避免周边环境的空气流过大，破坏气体保护；降低焊接速度；减小喷嘴到工件的距离；焊接结束时应在熔池凝固之后移开焊枪喷嘴
	焊丝的污染	采用清洁而干燥的焊丝；清除焊丝在送丝装置中或导丝管中黏附的润滑剂
	工件的污染	在焊接之前，清除工件表面上的全部油脂、锈、油漆和尘土；采用含脱氧剂的焊丝

缺陷	产生原因	防止方法
气孔	电弧电压太高	减小电弧电压
	喷嘴与工件距离太大	减小焊丝的伸出长度
	气体纯度不良	更换气体或采用脱水措施
	气体减压阀冻结而不能供气	应串接气瓶加热器
	喷嘴被焊接飞溅堵塞	仔细清除附着在喷嘴内壁的飞溅物
	输气管路堵塞	检查气路有无堵塞和弯折处
咬边	焊接速度太高	减慢焊接速度
	电弧电压太高	降低电压
	电流过大	降低送丝速度
	停留时间不足	增加在熔池边缘的停留时间
	焊枪角度不正确	改变焊枪角度，使电弧力推动金属流动
未熔合	焊缝区表面有氧化膜或锈皮	在焊接之前，清理全部坡口面和焊缝区表面上的轧制氧化皮或杂质
	热输入不足	提高送丝速度和电弧电压；减小焊接速度
	焊接熔池太大	减小电弧摆动以减小焊接熔池
	焊接技术不合适	采用摆动技术时应在靠近坡口面的熔池边缘停留；焊丝应指向熔池的前沿
	接头设计不合理	坡口角度应足够大，以便减少焊丝伸出长度（增大电流），使电弧直接加热熔池底部；坡口设计为 J 形或 U 形
未焊透	坡口加工不合适	接头设计必须合适，适当加大坡口角度，使焊枪能够直接作用到熔池底部，同时要保持喷到工件的距离合适；减小钝边高度；设置或增大对接接头中的底层间隙
	焊接技术不合适	使焊丝保持适当的行走角度，以达到最大的熔深；使电弧处在熔池的前沿
	热输入不合适	提高送丝速度以获得较大的焊接电流，保持喷嘴与工件的距离合适

小结：CO_2 气体保护焊施工流程如图 3 – 35 所示。

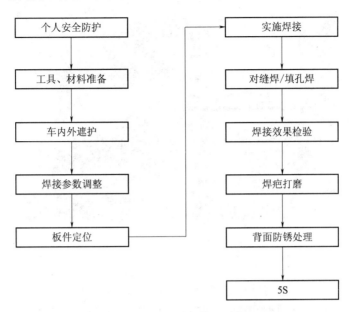

图 3 – 35　CO_2 气体保护焊施工流程

（四）电阻点焊

1. 焊接原理

将准备连接的工件置于两电极之间加压，并对焊接处通以较大电流，利用工件电阻产生的热量加热并形成局部熔化（或达塑性状态），断电后在压力继续作用下，形成牢固接头。

2. 电阻点焊的三个要素

（1）压力。电极压力太大会引起焊点过小、焊点熔池过深而产生变形，不能达到焊接质量，降低焊接部位的机械强度；压力过小则会使焊合部出现裂纹和气孔，不能达到焊接强度。

（2）电流。两钢板加压后，电流流过焊接电机再流入母材金属，在金属接合处，温度迅速上升。

（3）加压时间。加压时间是一个非常重要的因素，实际的加压时间可少于使用说明书上的规定值。轿车车身因为铁皮较薄，焊接时间不宜过长，通常不超过 0.5 s。

压力、电流和加压时间这三个参数必须都恰当才能获得稳定、满意的焊接质量。

3. 电阻点焊机的基本构成

电阻点焊机的主要功能部件包括变压器、冷却系统、焊机控制器、带有可以互换的电极臂和电极头的焊枪、控制面板，如图 3 – 36 所示。

1）变压器

变压器可将 220 V 或 380 V 的电源电压（初级电压）转变成只有 2 V 或 5 V 的次级电压，避免高电压电流焊接时可能造成的人身电击伤害。小型点焊机的变压器一般连接在焊炬上，常用点焊机的变压器一般安装在主机上，通过电缆与焊炬连接。

项目三　汽车钣金工具与设备

图 3 – 36　电阻点焊机

2）冷却系统

大功率的电阻点焊机都配有冷却系统，以保证变压器及焊枪不会过热。冷却系统一般由水箱、水泵、冷却风扇、散热器和冷却液指示器等组成，如图 3 – 37 所示。

3）焊机控制器

焊机控制器可调节变压器输出焊接电流的强弱和电压的高低，并可以调节出精确的焊接电流通过的时间，在焊接时间内，焊接电流被接通并通过被焊接的金属板，然后电流被切断。焊机控制器能够进行全范围的焊接电流调整，焊接时所需电流的大小应由需要焊接的金属板的厚度和电极臂的长度来决定。当使用较短的电极臂时，应减小焊接电流；当使用加长的电极臂时，必须增大焊接电流。

4）焊枪

焊枪通过电极臂向被焊金属施加挤压力，并流入焊接电流，将电极压紧部位熔化。焊枪的主要部件包括加力机构和电极，如图 3 – 38 所示。

图 3 – 37　电阻点焊机冷却系统

图 3 – 38　电阻点焊机焊枪

5）控制面板

正面控制面板上可进行焊接电流的调节、焊接时间的调节、焊接功能的选择等操作，其背面也有操作开关及调整旋钮，一般进行工作气压的调整，如图 3 – 39 所示。

4. 电阻电焊机操作

点焊操作常用设备为挤压式电阻点焊机。其可实行双面碰焊和单面点焊，可焊接普通

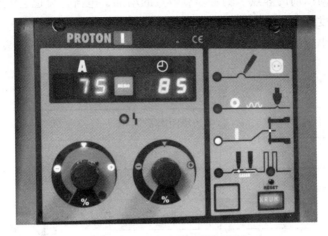

图 3 – 39 电阻点焊机控制面板

钢、高强度钢、极高强度钢,可连续点焊,最大电流达 1 200 A,点焊厚度为 (3 + 1.5) mm,对焊厚度为 (3.5 + 3.5) mm。在焊接之前,应把焊件表面整平,焊件与焊件表面之间留有间隙,将导致电流导通不良。尽管不消除这种间隙也能进行焊接,但是焊接面积变小,造成焊接强度不足,如图 3 – 40 所示。可用夹钳将焊件牢牢地夹紧,以消除这种间隙。

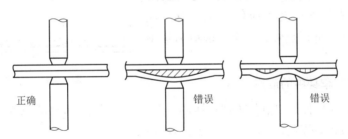

正确　　　　　　　　错误　　　　　　　　错误

图 3 – 40　板件焊接表面间隙调整

焊件表面如果有漆膜、锈迹、灰尘或其他污物,也会降低焊件质量,故应把它们清除干净,以使电流畅通。必要时,应在焊件表面涂上导电性好的透焊防蚀涂料,重要的是在焊件端面也要均匀地涂抹一层防蚀涂料。

1)点焊的操作方法

一般采用前倾焊法。对于不能采用前倾焊法的部位,可以采用惰性气体保护焊进行塞焊。焊接时应使电极头与焊件表面保持垂直,否则电流会减弱,导致焊接强度不够。对于三层或更多层重叠的点焊,应点焊两次。

2)焊点的数量

由于汽车修理厂所用的点焊机的功率一般比汽车制造厂的小,因此修理厂用的焊点数量应当比原有焊点多 30% 左右。

3)焊点位置的确定

各个焊缝的强度由焊点间距和边缘距离(焊点到板外缘的距离)决定。焊点间距减小,焊件连接强度将增加,但焊点间距小到一定程度后如果再减小,焊件的连接强度也不会再增

大，因为电流会流向以前的焊点。随着焊点数量的增加，电流分流也会增多，而这种分流电流又会使焊点的温度升高，从而影响焊件间的连接强度。

焊点间距的大小应控制在不致形成支路电流的范围内，一般可参照表3-5中给出的数值确定。

表3-5　焊点距离选择

板厚/mm	焊点间距 s/mm	边缘距离 p/mm	示意图
0.4	≥11.0	≥5.0	
0.8	≥14.0	≥5.0	
1.0	≥18.0	≥6.5	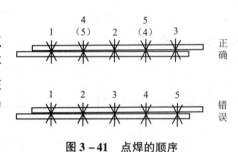
1.2	≥22.0	≥7.0	
1.6	≥29.0	≥8.0	

4）点焊的顺序

如图3-41所示，不要只在一个方向上连续点焊，这种方法的焊接强度较低，所以电阻电焊需要跳焊。如果电极头过热变色，应停下来冷却。注意：不要在转角部位进行点焊，否则会因应力集中而产生裂缝。

图3-41　点焊的顺序

5．点焊技术在车身中的应用

前车身悬架支撑构件是以点焊方法连接的，图3-42所示为制造厂家指定给修理厂进行零件替换作业时的焊接位置。

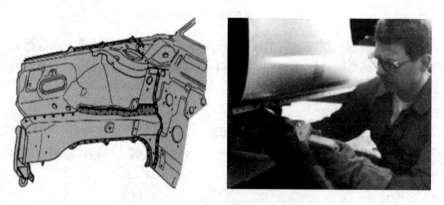

图3-42　悬架支撑构件的点焊焊接

步骤1：用风动锯切割掉原焊点。

步骤2：用钻削或磨削的方法将焊点清除并使焊件剥离，借助撬板等工具将残留部分从车身上拆下。

步骤3：整理车身上的接口部分。用气动砂轮机磨掉原来的焊痕，并用钣金锤和辅具将端口变形校正，位置有误差时，也应予以校正。

步骤4：将焊接面两边的油漆除净并在焊接面上涂敷防锈剂。

步骤5：将新板件在指定位置压实，用测量设备进行检测，保证位置的准确性，保证两片嵌板或凸缘之间的结合面紧密。

步骤6：以厚度较薄的嵌板作为决定电流大小的主要因素。

步骤7：调整电极夹臂接触压力。

步骤8：调整焊接电流大小。

步骤9：选择点焊顺序，开始焊接。

说明：连续焊应以12～20 mm的小段交错进行。

6. 焊接质量检验

电阻点焊的焊接质量可以通过焊点的形状、颜色来反映，如图3-43所示。

观察焊点中间与电极头端部接触部分的颜色，以此来判断焊接电流是否合适。如果焊点中间与电极头端部接触部分的颜色没有发生改变，即与点焊之前颜色一致，则说明焊接电流正常；如果焊点与电极头接触部分的颜色呈蓝色，则说明焊接电流过大。

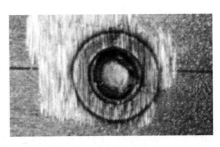

图3-43 双面焊点

实际焊接过程中，在正常将第一个焊点焊完后，应将焊第二个焊点的电流调大一些，以此类推，以使各个焊点的焊接强度一致。

破坏性检验（利用试件），如图3-44所示。

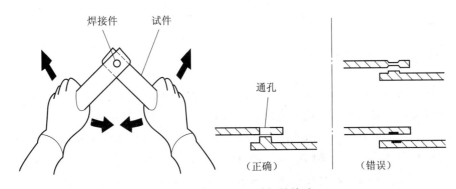

图3-44 焊接部位破坏性检验

① 采用与工件相同材料和厚度的试件，并将其焊接在一起。

② 沿箭头方向施加力，以断开点焊处，检查断裂件的状态。

如果板件上出现通孔，则该焊接应被判为合格。

焊接部位无损检验，如图3-45所示。

① 焊接后，按图3-45所示，将检验楔子插入固体小块（焊接部位）的旁边。

② 如果固体小块的直径大于3 mm，则焊接应被判定为合格。

③ 检验完成后，应修复因检验楔子引起的变形。

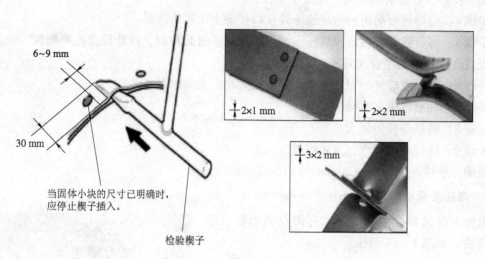

6～9 mm

30 mm

当固体小块的尺寸已明确时，
应停止楔子插入。

检验楔子

2×1 mm

2×2 mm

3×2 mm

图 3 – 45　焊接部位无损检验

小结：电阻点焊施工流程如图 3 – 46 所示。

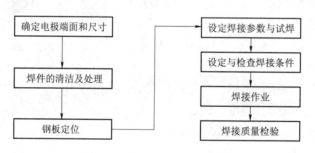

图 3 – 46　电阻点焊施工流程

（五）汽车车身修复设备

现代车身的结构日趋复杂，许多车身板由于受到焊接在一起的内部板件和车窗等结构的限制而难以触及它们的内部，或是因为损伤比较轻微且只局限于金属外板，内板没有损坏，如果拆卸内板或拆卸相关构件，采用敲平法修复，对于车身维修来讲工作量无形之中加大很多，生产效率大大降低。车身维修中有一种方法专门用于这种情况，即将凹陷的金属用拉拔的方法拉高，同时利用钣金锤对高点进行敲击。

1．整形机概述

1）工作原理

整形机的电源为 380 V/50 Hz，通过内部变压器转换成 5～8 V 的低电压高电流的直流电。主机上有两条输出电缆，一条连接焊枪，为焊枪电缆；另一条连接搭铁夹，为搭铁电缆。在工作时，两条电缆形成一个回路。把搭铁夹连接到车身板件上，焊枪通过圆介子片把电流导通到板件凹陷处，由于电源电流经变压器后，电流值达到 1 000～2 300 A，这时圆介子片与车身板件接触部位会产生强大的电阻热，这一热量足以迫使该点板材及圆介子片熔化，使其达到原子间的结合，从而将圆介子片熔植焊接在车身板材凹陷处，然后利用附件工具将凹陷拉出。

2）功能

（1）垫圈焊接：可将平垫圈焊在板件凹陷部位，用拉锤拉出。

（2）铜极收火：可使小面积的延展金属恢复原状。

（3）碳棒收火：可使大面积的延展金属恢复原状。

（4）单面点焊：可将两块钢板从一面焊住。

（5）碰焊熔植：可将 T 形拉拔头（整形机附带工具）熔植在较大凹陷的钢板上，使用专用拉拔器拉出。

（6）蛇形线焊接：可将蛇形线（整形机附带工具）焊在凹陷的加强筋处。

3）特点

焊接速度快，受热范围小，金属不易变形，操作方便。

无论车身结构如何，都可以在凹陷部位焊接不同的介质，通过拉拽的方法使之修复。集多种焊接、加热等功能于一体，给车身整形修复带来了方便。

2. 整形机组成

整形机外部主要有电源线、焊枪及焊枪电缆、搭铁夹及搭铁夹电缆、功率选择开关、时间调节旋钮、指示灯、挡位选择旋钮以及配套工具等，如图 3 - 47 所示。

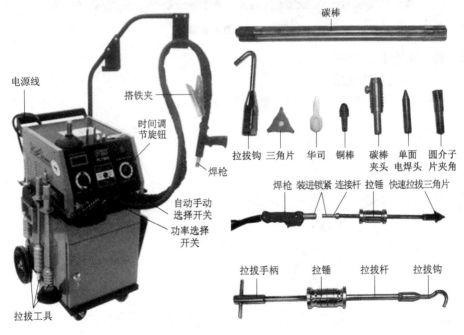

图 3 - 47　车身整形机

3. 车身整形机的操作

1）修复车身凹陷

（1）连接好电源，开启电源开关，检查机器是否正常。

（2）将需要修复的凹陷部位彻底打磨干净，并在离凹陷部位较近的区域打磨出一小块裸露的区域（打磨油漆，除锈）。

（3）将地线钳（负极）夹在裸露的区域。

（4）焊枪根据不同的凹陷、不同的工作需要，选用不同的接头或介子。

（5）根据车身板厚调节电流挡位、时间挡位和工作模式挡位（自动或手动）。

（6）将选用的介子用力抵在需要拉拽的凹陷部位，然后轻轻按动焊接控制开关。

（7）将多功能拉锤钩在焊接牢固的介子上，一手扶住拉锤的把柄，另一手握住拉锤的滑动锤向后拉拽，如图3-48所示。

图3-48　整形机操作

（8）转动拉钩使介子脱离凹陷。

2）延展钢板的加热收缩

收缩利用了"热胀冷缩"的原理，如图3-49所示。

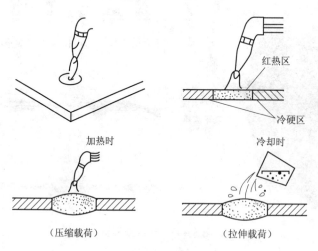

图3-49　收缩原理

（1）先对板件的一点快速加热。

（2）随着温度的上升，受热部位膨胀，并有越过加热区边缘继续膨胀的趋向，但由于受热区周围的部位是冷硬的，限制了板件膨胀的扩展，于是造成很大的压缩载荷。

（3）如果继续加热，膨胀将集中在红热区，会使该部位向外扩张而变厚，从而使板料内部的压缩载荷得以缓解。

（4）此时，如果红热区突然受到冷却，板料将会收缩，其表面积将比加热之前小。随着板料冷却收缩，板料内部会产生拉伸载荷，与加热过程中产生的压缩载荷相抵。

3）铜极收缩

铜极收缩如图3-50所示。将整形机的工作程序扳柄调整到铜极收火位置，在整形机正极焊枪上固定铜极，负极连接到修复的钢板。操作时将铜极顶压在需要收火的部位按动通电开关，此时通电1 s左右，产生的电阻热将接触部位加热到鲜红色。保持顶压力，用压缩空气吹枪对加热部位进行冷却促使收缩，待基本冷却后（3~5 s）停止压力和压缩空气的吹拂，移开铜极，用小钣金锤在加热点上及周围轻敲整形。

4）碳棒收缩

先将碳棒截取30~50 mm的长度，再将其固定在整形机焊枪上的碳棒夹头上，碳棒的前部需磨削成略尖的圆头。将整形机调整到碳棒收火的程序挡位，连接负极线。将碳棒接触到板件上需要收火的部位，使碳棒和板件成大约30°的夹角，确定好需要加热的范围（通常为不超过直径20 mm的圆），按动电源按钮，从加热范围的外圆周逐渐向内画圆直至圆心。接触电阻热将加热的范围加热到樱红色，移开碳棒，用一块潮湿的布或海绵使金属的收缩部位快速冷却。碳棒收缩如图3-51所示。

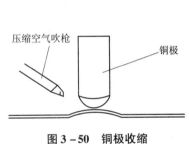

图3-50 铜极收缩

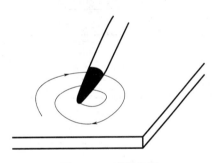

图3-51 碳棒收缩

钢板加热时表面颜色及其对应温度如表3-6所示。

表3-6 钢板加热时表面颜色及其对应温度

颜色	温度/℃	颜色	温度/℃
深褐红色	350~580	亮樱红色	830~900
褐红色	580~650	橘黄色	900~1 050
暗樱红色	650~730	暗黄色	1 050~1 150
深樱红色	730~770	亮黄色	1 150~1 250
樱红色	770~800	白黄色	1 250~1 300
淡樱红色	800~830		

4. 整形机使用注意事项

（1）正确调整整形机的功能手柄，保证设备可靠接地。

项目三 汽车钣金工具与设备

（2）使用整形机时必须拆掉车辆的电瓶电源线，防止大电流通过时将车上的电子设备损坏。

（3）清理车身周围，尤其是工作区域周围，不可有油渍等易燃物品，防止火灾。

（4）注意绝缘保护，操作人员应戴绝缘手套，穿绝缘鞋等工作装，不可将线缆放置在有毛刺的金属板断面上。

（5）不要用这种方法修整汽车的油箱、油管路或油箱周围易燃易爆的区域。

（6）将需要焊接介子的地方彻底打磨干净，介子上的焊接点也要干净，否则可能会造成焊接不实，且会有火花，严重时甚至击穿钢板。

（7）不要选用纯铜或铝制的介子，因为铜、铝等金属与铁材的焊接强度很差或根本焊接不到一起。

（8）焊接介子时要适当用力通过焊枪压介子，否则会因接触不实而产生火花，造成焊接不牢固，甚至会击穿钢板。

小结：整形机操作流程如图 3 – 52 所示。

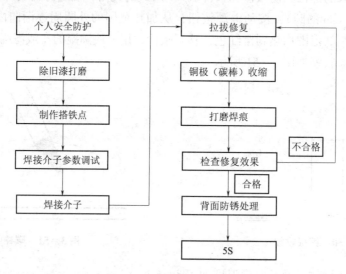

图 3 – 52　整形机操作流程

一、判断题

1. 所有钣金锤都会使钣金件产生延展效果。　　　　　　　　　　　　　　（　　）

2. 垫铁用法分偏托法和正托法两种。　　　　　　　　　　　　　　　　　（　　）

3. 金属板上有一块凹陷，应用铁锤在垫铁上敲击的方法校正。　　　　　　（　　）

4. 修理凹陷时，应从内部开始向外压平，直到边缘。　　　　　　　　　　（　　）

5. 金属收缩时，采用铁锤在垫铁上敲击的方法。　　　　　　　　　　　　（　　）

6. 使用垫铁时，垫铁表面应和加工金属表面相配合。　　　　　　　　　　（　　）

7. 当锉一个平坦部位时，将车身锉与推进方向呈30°水平推，也可以将锉平放，沿30°方向推。　　　　　　　　　　　　　　　　　　　　　　　　　　　　　（　　）

二、选择题

1. （   ）会使钢板产生拉伸。
A. 铁锤不在垫铁上轻敲   B. 铁锤不在垫铁上重敲   C. 铁锤在垫铁上重敲

2. 使用干磨机时，磨削面要和工件面成（   ）。
A. $10°\sim20°$ B. $20°\sim30°$ C. $30°\sim40°$

3. 用钣金锤敲击时，发力部位是（   ）。
A. 手指   B. 手腕   C. 手臂

4. 铁锤在垫铁上的敲击法和铁锤不在垫铁上的敲击法是（   ）。
A. 前者拉伸金属，后者整平金属
B. 前者整平金属，后者拉伸金属
C. 两种情况都会拉伸金属

5. 铁锤在垫铁上的敲击法可以修理（   ）损伤。
A. 小的凹陷   B. 大的凸起   C. 板件上的拉伸

6. CO_2 气体保护焊中气体的作用是（   ）。
A. 冷却   B. 保护焊缝   C. 冷却 + 保护焊缝

三、简答题

1. 简述铜极收缩的操作流程，并说明其与碳棒收缩的区别。
2. 简述 CO_2 气体保护焊左向焊法和右向焊法的区别。
3. 电阻点焊为什么要跳焊？
4. 详述 CO_2 气体保护焊的操作要领。

项目四
车身覆盖件的修复

学习目标

(1) 了解钢板的类型及其特性。

(2) 掌握车身钣金件快速修复方法。

(3) 掌握车身板件损伤的修复方法。

(4) 能够正确叙述塑料的焊接原理和特点。

(5) 掌握热空气塑料焊机的使用方法。

(6) 能够正确叙述塑料焊接的要点。

(7) 能分辨塑料件材料的种类。

(8) 掌握一个典型车身塑料件的焊接修理过程。

一、钢板概述

由于需要满足相应的成型与加工要求以及道路行驶时的重载条件，汽车车身用钢板种类大部分为碳素钢（铁碳合金）。

钢材碳含量不同，金属的技术特征也不同。碳含量越高，其抵抗撞击的能力越强，但其成型和焊接加工性能就会越差，甚至镶板工作也会变得难以进行。因此，汽车车身大多采用低碳钢。

近来有采用高抗拉强度钢材的趋势，尽管这种钢材比常规软钢材薄许多，却可以提供相同的强度等级。与软钢板相比，高抗拉强度钢板具有更高的抗拉强度，其强度达到 $420\ \text{N/mm}^2$，这种钢材在成型后能保持更好的冷作硬化特性而其成型和焊接性能均不会受到影响。采用这种钢板可以降低车身总重。

必要时，可以采用具有优良耐腐蚀性能的镀锌钢板，以获得最优的耐腐蚀性能。

车身部分的零件具有各种不同的断面形式。由于所有这些零件通常都由薄钢板冲压而成，因而可以根据需要进行设计，使其具有不同的刚性，或者采用加强件，或者设计成不同的厚度。

高抗拉强度钢材和镀锌钢板在车身上的位置如图 4-1 所示。

1. 热轧钢板

热轧钢板是经过高温加热（一般在 800 ℃以上）轧制而成的钢板，它的厚度一般在 1.6~8.0 mm，强度不是很高，但足以满足使用要求，塑性、可焊性较好，因此比较常用，现在主要用于制造车架、骨架和梁等。

超高强度钢板：800~1 400 N/mm²
高强度钢板：270~800 N/mm²
普通镀锌钢板：<270 N/mm²

图4-1　高抗拉强度钢材和镀锌钢板在车身上的位置

2. 冷轧钢板

冷轧钢板是由热轧钢经过酸洗后冷轧变薄，并经过退火处理而形成的。冷轧钢板是在较低温度下轧制的，其厚度精度高，表面质量好，表面平滑度高，厚度为0.4~1.4 mm，并且具有良好的可压缩性。大多数整体式车身采用冷轧钢板制成，大多数车身组件也是由冷轧钢板冲压而成的。

3. 高强度钢板

高强度钢是指强度高于低碳钢的各种类型的钢。一般强度在270 N/mm²以上。整体式车身要求使用高强度钢，相同的强度，高强度钢板的厚度比一般钢板薄，以降低整车质量。

（一）钢板的特性

1. 弹性变形

弹性是金属材料的一种特性，它可以使因外力作用而变形的金属在外力消除后恢复原状态。即使用手弯曲一块钢板，也会在外力消除后恢复到原来的形状，而不会留下任何形状变化。

可恢复的变形称为弹性变形，如图4-2所示，而金属材料的这种特性即被称为弹性。

2. 塑性变形

当钢板被用力弯曲后，它会按原始形状恢复少许，但仍保持弯曲状态，这种情况即称为塑性变形，如图4-3所示，无法恢复原始形状的特性被称为塑性。

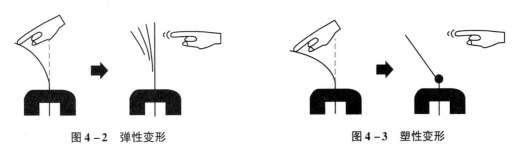

图4-2　弹性变形　　　　　　　　　　图4-3　塑性变形

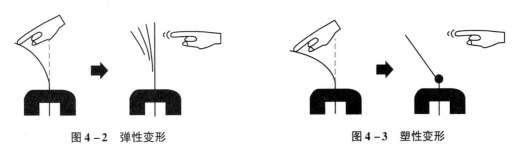

项目四　车身覆盖件的修复

3. 加工硬化

如果反复弯曲金属丝，金属丝即会发生硬化。同样，钢板也会因塑性变形而得到硬化和强化。

反复弯曲平钢板时，第一次弯曲的部位 A 将保持弯折后的形状，而钢板的两侧又会出现新的弯曲。这是由于第一次的弯曲部位被硬化和强化。同样，对于冲压成型的车身板而言，钢板同样会发生加工硬化。加工硬化的原理如图 4－4 所示。

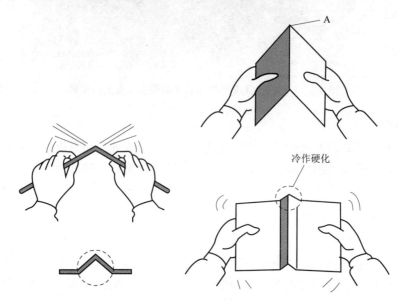

图 4－4　加工硬化的原理

对一辆实际发生碰撞的汽车而言，受外部碰撞力的作用时，冷作硬化同样会发生。此外，维修时也会发生加工硬化。

4. 热量转换

传给钢板的热量有三种转换形式：氧化皮（受热钢板表面的薄氧化层）、改变分子结构、碰撞和收缩。因焊接加工以及磨削加工的摩擦而发热时，均会导致钢板发生上述变化。板材受热途径如图 4－5 所示。钢材表面颜色及对应的温度如表 4－1 所示。

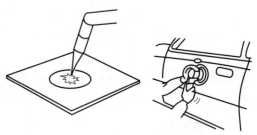

图 4－5　板材受热的途径

表 4－1　钢材表面颜色及对应的温度

颜色	温度/℃	颜色	温度/℃	颜色	温度/℃	颜色	温度/℃
深褐红色	350～580	暗樱红色	650～730	樱红色	770～800	亮樱红色	830～900
褐红色	580～650	深樱红色	730～770	淡樱红色	800～830	橘黄色	900～1 050

1）加热温度与材料变化

随着钢板被加热，其塑性越来越高，但当钢板温度超过某一点时，即发生材料硬化脆性变化。因此，钢板加工时，温度不得超过 723 ℃，此时钢板会发生蓝热脆性；当温度超过 720 ℃时，发生红热脆性；当温度超过 900 ℃时，钢板晶粒变得大而粗糙，导致氧化并且材料性能总体上发生恶化。

2）脆性

一般而言，金属材料受热越多，变得越软，并且更易于加工，但对软钢材而言，其硬度和抗拉强度先达到最高，然后在更高的温度下，其拉伸性能将会降低。

（二）防锈钢板

为了提高防锈性能，防锈钢板的表面采用镀锌、锌锡或铝处理，其中，镀锌钢板的耐腐蚀性能最为可靠，所以这种钢板在耐腐蚀要求较高的汽车零部件上的应用也最为广泛。

人们熟知的镀锌钢板包括电镀锌钢板、熔化镀锌钢板以及合金熔化涂锌钢板。

1. 电镀锌钢板

这是一种防锈钢板，其表面通过电镀工艺形成高纯度的锌结晶，但其镀锌层厚度要比熔化镀锌钢板小，这种钢板比较适合采用冲压成型、焊接和表面覆层工艺，因为其表面要平滑许多；但相对合金熔化涂锌钢板而言，由于无法得到一定厚度的锌层，所以其耐腐蚀性能相对较差。电镀锌钢板如图 4–6 所示。

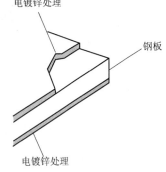

图 4–6　电镀锌钢板

2. 熔化镀锌钢板

如图 4–7（a）所示，这种钢板是通过将钢板浸入熔化的锌中得到新覆层的，相比其他的类型而言，这种钢板具有较好的耐腐蚀性能，但它在焊接和涂漆性能上要比电镀锌钢板差。

3. 合金熔化涂锌钢板

为了弥补电镀锌钢板和熔化镀锌钢板的不足，采用铁–锌/镍合金涂于钢板表面，用来改善钢板的焊接和涂漆性能，如图 4–7（b）所示。

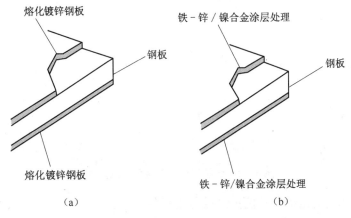

（a）　　　　　　　　　　（b）

图 4–7　熔化镀锌钢板和合金熔化涂锌钢板

（三）高抗拉强度钢板

尽管强度值超过 550 N/mm² 的高抗拉强度钢板被用于重型车辆的车架或其他零部件，但其屈服点和屈服率仍然过高，难以提供期望的冲压工艺性和焊接强度，所以早已确定不将这种钢板用于汽车车身板件。但后来随着高抗拉强度钢板冲压性能的改进以及焊接工艺的发展，这种钢板目前被用于骨架构件和加强件，甚至还用作车身板件。高抗拉强度钢板能够提供同样的强度等级，由于它比常规软钢板薄，故可以用来降低车身质量。高抗拉强度钢板在车身上的应用如图 4 - 8 所示。

深色代表高抗拉强度钢板

图 4 - 8　高抗拉强度钢板在车身上的应用

技术特性：

（1）高抗拉强度。

（2）高屈服点（材料由弹性变为塑性时的点）。

（3）高屈服率（屈服点与抗拉强度的比值）。

（4）钢板低伸长与抗拉强度间的关系。

（5）在冲压成型时，与冲压模具间贴合时的较低阻力和较大的伸长力有利于进行较深的拉延。图 4 - 9 所示为抗拉强度与钢板伸长的关系。

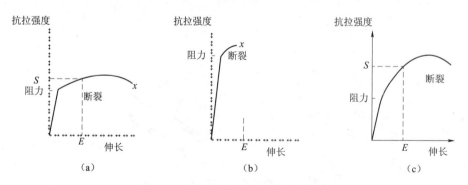

图 4 - 9　抗拉强度与钢板伸长的关系

① 对于一般用途的钢板，其抗拉强度与钢板伸长的关系如图 4 - 9（a）所示。使用这种材料的钢板使冲压加工易于进行，但如果为降低质量而减小厚度，则在强度 S 时会出现强

度不足的情况。

② 对于常规的高抗拉强度钢板，其抗拉强度与钢板伸长的关系如图 4-9（b）所示。由于这种钢板具有较高的阻力，它无法与冲压模具贴合，如果将其用于冲压加工，则在达到板限的伸长（E）之前，即会发生断裂。

③ 对于新型高抗拉强度钢板，其抗拉强度与钢板伸长的关系如图 4-9（c）所示。由于这种钢板具有较低的阻力，它能够较好地与冲压模具贴合，并且具有一个比一般用途钢板更高的强度（S），从而可以降低车身总重。

🞿 二、车身钣金件快速修复方法

车身外板覆盖件损伤修复是车身修复最常见的工作，占到 70% 的维修比例。一般在进行维修时普遍采用钣金锤、垫铁维修或者使用外形修复机进行维修两种方式，但这两种方式对车身外板损伤修复时维修质量不高，且效率比较低。在覆盖件损伤中，大约有 70% 应该当日维修完毕，但在实际维修中，一般都要 2~3 天才能够完成，维修的质量也不高，板件维修后平整度不够，常要涂刮较厚的腻子来进行修补，常造成日后腻子开裂或剥落的质量问题。车身外板钣金修复的高效率和高质量的实现，就要使用革命性的车身快速维修组合工具，这套工具与传统维修方法相比有巨大的优势。

车身快速维修组合工具如图 4-10 所示。

高性能外形修复机如图 4-11 所示。它配备多种工具组合，可以完成焊接各种垫圈、华司片、三角片、螺柱、蛇形线等各种介子的收火功能和单面点焊功能，焊接电流稳定，焊接无大量火花出现，不会出现焊接不牢固或焊穿出现孔洞等缺陷。

图 4-10　车身快速维修组合工具

图 4-11　高性能外形修复机

强力拉拔组合工具如图 4-12 所示。针对较强硬板件设计，采用简单的顶拉原理，配有多种支脚，可根据不同位置进行组合，方便拉拔；可以任意调节拉拔幅度；具有锁止功能，方便同时进行其他动作；拉拔力量够强，基本满足车身外板件的快速拉拔维修。

棱线拉拔组合工具如图 4 - 13 所示。采用简单的顶拉原理；配有多个支脚、横梁，可根据不同位置进行组合，方便拉拔；可以根据需要控制拉拔幅度；方便对车身腰线位置进行快速拉拔作业，并确保拉拔质量；拉拔力量够强，基本满足车身外板件的快速拉拔维修。

图 4 - 12　强力拉拔组合工具　　　　　图 4 - 13　棱线拉拔组合工具

省力拉拔组合工具如图 4 - 14 所示。采用简单的杠杆拉拔原理；配有支脚、拉钩及横梁，可根据不同位置进行组合，方便拉拔；可以根据需要控制拉拔力量及幅度；方便对车身顶部等位置进行快速拉拔作业；拉拔力量够强，基本满足车身外板件的快速拉拔维修。

简易拉拔组合工具如图 4 - 15 所示。采用力的相互作用原理；配有多种手拉钩，方便提拉车身焊接的垫片等介子；与钣金锤配合，能更简单地对车身外板件拉伸修复。

图 4 - 14　省力拉拔组合工具　　　　　图 4 - 15　简易拉拔组合工具

拉伸辅助工具如图 4 - 16 所示，包括钣金滑动拉锤、拉伸指针、垫片拉杆、拉伸垫片、碳棒等。

图 4 - 16　拉伸辅助工具

❊ 三、车身板件损伤的修复

1. 车身门槛板损伤的修复

在实际钣金维修工作中，我们经常碰到像汽车门槛等强度较高的外板损坏，如图 4 - 17

所示。这种损坏变形区域强度较高,使用传统的整形机拉锤修复很困难,经常使用气体保护焊焊接铁片等,用大梁校正仪等拉拔,对车身具有严重的损坏,强力拉拔组合工具可以很好地解决这方面的问题。

(1)首先对损坏门槛板进行分析,找出损伤区域凹陷最深的位置。使用打磨机局部打磨掉最深区域的油漆涂层,如图4-18所示。

图4-17 门槛板损伤

图4-18 打磨油漆涂层

(2)调整焊机,通过焊机的按钮或旋钮调整到焊接模式,然后调整焊接电流的大小,一般调整到数字显示50左右,根据焊接时的情况可在40~60调整。电流太大容易烧穿板件,形成孔洞;电流太小,垫片焊接不牢固,拉伸中垫片容易脱落。焊接时间一般调整到3~5 s。焊接参数调整如图4-19所示。

(3)把搭铁固定在板件上。把垫片放入焊接电极中,轻轻按压在焊接部位,按动焊枪开关,就把垫片焊接在板件上了,依次在需要的位置焊接垫片,垫片间隔距离在1 cm左右,成排的焊片在焊接时要注意拉孔呈一条直线,方便拉杆的插入,如图4-20所示。

图4-19 焊接参数调整

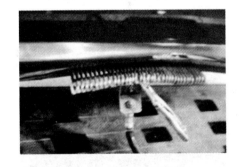

图4-20 焊接拉伸垫片

(4)焊接完毕后,选择长度合适的拉杆插入垫片的拉孔中,如图4-21所示。

从工具车上取下长度最短的强力拉伸组合工具,根据门槛位置选择适当高度和支撑座的支腿,把支腿安装上去,调整螺杆的长度到合适的拉伸位置。把螺杆前面的拉钩安装在强力拉杆位置凹陷最深的位置,调整好支腿后,向内慢慢拉动把手,可反复拉伸几次。拉钩拉动拉杆把凹陷的板件逐步拉出,如图4-22和图4-23所示。

注意,每次拉出的高度不要超过5 mm。当把手合拢后,组合工具处于锁止状态,这时要用钣金锤不断轻敲周边板件,放松变形板件位置的应力。松开把手,调整螺杆,使螺杆长度变短,然后再次向内拉动把手,让板件再次拉出,把手合拢后,再次使用钣金锤轻敲板件

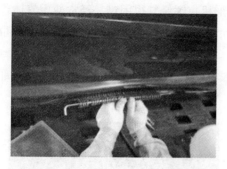

图 4 – 21　拉杆插入垫片拉孔中

图 4 – 22　使用组合工具拉伸凹陷

放松应力。一般一个深度超过 10 mm 的板件凹陷变形需要 3 次以上的重复动作才能修复完毕。不能一次拉伸太多，导致板件应力太大，拉伸困难或导致板件破裂。

2. 车身后侧围板损伤的修复

对于车身后侧围板较大面积的损伤，如图 4 – 24 所示，首先找出几个凹陷较深的折线，用打磨机把凹陷位置最深处板件上的油漆涂层打磨干净，如图 4 – 25 所示。

图 4 – 23　调整组合工具

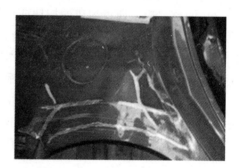

图 4 – 24　车身后侧围板的损伤

调整焊机的合理焊接参数，在后侧围板打磨的位置焊接垫片。如果有足够的垫片，可同时把需要拉伸的部位都焊接上焊片，如图 4 – 26 所示，便于同时拉伸，以确保板件整体变形的整体复位。

图 4 – 25　后侧围板损伤漆层的打磨

图 4 – 26　垫片的焊接

从工具车上选取适合的组合工具，安装适合的支腿，调整支腿的宽度。把拉杆插入垫圈的拉孔中，把组合工具螺杆端部的拉钩安装在拉杆上，向内慢慢拉动把手，如图 4 – 27 所示，可反复拉伸几次，直到把手合拢处于锁紧位置，然后用钣金锤敲打拉伸部位周围的板件，使其放松应力。松开把手后调整螺杆的长度，重新进行拉伸。

当凹陷部位的变形恢复一定程度后，再对其他部位的凹陷进行拉伸，把拉杆插入垫片拉孔中，调整组合工具支腿的宽度和螺杆的长度，把螺杆端部的拉钩安装在拉杆上，向内慢慢拉动把手，可反复拉伸几次，直到把手合拢处于锁紧位置，然后用钣金锤敲打拉伸部位周围的板件，使其放松应力。松开把手后调整螺杆的长度，重新进行

图 4 - 27　后侧围板损伤的拉伸

拉伸。重复刚才的动作，直到把所有损伤部位的凹陷都拉出。

3. 车身侧板棱线损伤的修复

车身侧面板件一般有一两条从前到后贯穿的棱线，损伤经常发生在这些位置，对于这些位置的修复，可使用棱线拉拔工具。

首先选择长度合适的组合工具，并选择合适的支腿安装在组合工具上。

使用打磨机打磨棱线位置板件上的油漆涂层，如图 4 - 28 所示，然后调整合适的焊接参数。

在棱线损伤位置依次焊接一排垫片，把拉杆插入垫片的拉孔中。把组合工具的拉钩安装在拉杆上，把支腿调整到合适的支撑位置，支腿不能支撑在大的平面或弧面位置，要安放在门框或靠边缘的强度较高的部位，如图 4 - 29 所示。

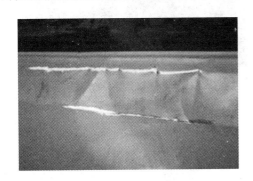

图 4 - 28　棱线位置的打磨

图 4 - 29　棱线损伤的拉伸

拉动组合工具的把手，逐步拉出凹陷，对于凹陷较深的部位，可分几次拉伸，每次拉伸不能超过 5 mm 的高度，要及时放松板件的应力。当凹陷即将被修复平整时，把拉伸指针在相邻部位未受损棱线处定位，然后把指针平移到受损部位，松开组合工具，观察受损部位的恢复情况，当深度低于正常高度 1 mm 左右时，就可以停止拉伸了，如图 4 - 30 所示。

4. 车顶板损伤的修复

对于车顶部位的损伤，使用常规的拉伸方法操作时很难用力，可选择省力组合工具进行拉伸，将合适的支腿安装在组合工具上，并安装拉钩。

使用打磨机打磨车顶板凹陷最深的部位油漆涂层。

调整焊机的合理焊接参数，在车顶板损伤凹陷位置上焊接垫片，把拉杆安装在垫片的拉孔中，如图 4 - 31 所示。

图4-30 使用拉伸指针修复棱线损伤

把组合工具的拉钩安装在拉杆上，把支腿支撑在车顶边梁的坚固部位上，逐步均匀用力向下撬动组合工具把手，让凹陷部位逐步恢复，当有一定的变形恢复时，一只手继续撬动把手，另一只手拿钣金锤敲击板件周围，让板件的应力放松。反复重复拉伸，直到凹陷部位的变形恢复，如图4-32所示。

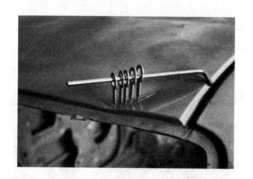

图4-31 车顶损伤位置焊接垫片　　　　　　图4-32 车顶损伤的修复

四、车身塑料件的修复

（一）车身塑料材料概述

汽车塑料制品已由普通装饰件开始向结构件、功能件方向发展，因而要求汽车用塑料材料向强度更高、冲击性更好、超高流动的复合材料和塑料合金方向发展。

从塑料材料品种上看，目前用量最多的是通用改性塑料，如PP、PE、PVC、ABS及PA等耐热增强的改性，今后发展的方向是高档车越来越多使用工程塑料及其改性材料，以替代金属件。例如PC、PBT、PET、PPO的功能化、合金化改性。典型的例子是PC/PBT/PET、PPO/PA、PPO/HIPS、PC/PBT/ABS合金等，低档车越来越多使用PP改性材料（便于回收，符合环保）。

当前，由于环保和节能的需要，汽车轻量化已成为世界汽车发展的潮流。汽车轻量化大致可以分为三类：车身轻量化、发动机轻量化、底盘轻量化。目的均是在保证性能的前提下，通过使用更轻的材料降低车重，从而实现节能和环保的功能。应用于车身轻量化的材料除了高强度钢及各种合金材料外，被广泛应用的还有塑料。

汽车塑料件损坏后，在汽车修理厂一般有两种修理方案：一是更换塑料件，二是原件修复。前一种方案主要工作是拆装，技术要求不高，经济效益较好，因而汽车修理厂较倾向于更换；后一种方案费工费时，经济效益不高，技术要求却较高，因此许多汽车修理厂不太愿意承接汽车塑料件的修复工作（许多废旧汽车塑料件流向无证加工点）。本书从绿色环保角度出发，对能够修复的汽车塑料件应以原件修复为主，本节讨论汽车塑料件的修复。

1. 塑料的种类

目前汽车上使用的塑料件较多，这些塑料件主要采用热塑性和热固性两种类型的塑料。热塑性塑料就像"蜡烛"，能通过加热反复熔化再成型，在整个过程中化学成分不会发生变化。热固性塑料则像"鸡蛋"，在最初加热和使用催化剂或紫外光照射的条件下会发生化学变化，冷却后硬化成一种永久的形状，再次加热或使用催化剂时其形状也不会发生变化。常用车身塑料的化学名称、符号及分类如表4-2所示。

表4-2　常见车身塑料

符号	化学名称	塑料种类
ABS	丙烯腈-丁二烯-苯乙烯	热塑性塑料
ABS/MAT	玻璃纤维增强的硬ABS	热固性塑料
EP	环氧树脂	热固性塑料
EPDM	乙烯-丙烯-二烯-单聚物	热固性塑料
PC	聚碳酸酯	热塑性塑料
PE	聚乙烯	热塑性塑料
PP	聚丙烯	热塑性塑料
PUR	聚氨基甲酸乙酯	热固性塑料
PIM	反应喷射成型的聚氨基甲酸乙酯	热固性塑料
PPIM	增强的RIM-聚氨基甲酸乙酯	热固性塑料
SAN	苯乙烯-苯烯腈	热塑性塑料
TPR	热塑橡胶	热固性塑料
TPUR	热塑性聚氨基甲酸乙酯	热塑性塑料
UP	聚酯	热固性塑料

2. 车身塑料件的特性

在汽车生产中应用的塑料有两种：

（1）热塑性塑料。这种塑料可以重复地加热软化，其形态和化学成分并不发生变化。加热时软化或熔化，冷却后硬化，可在塑料焊机上焊接。

（2）热固性塑料。这种塑料在加热和使用催化剂或紫外光的情况下发生化学变化。硬化后得出永久形状，即使重复加热或使用催化剂也不会变形。不能焊接，尽管可在无空气焊机上进行"胶合"。

3. 塑料的性能

各种塑料有着各自不同的性能，热塑性塑料受热时随着温度的升高逐渐软化，冷却时重新硬化为固体，再加热又可软化，因此可以进行焊接。热固性塑料受热初期软化具有一定的可塑性，随着继续加热，塑料中树脂分子不断增大，最后达到硬化，再加热不会再软化。因此不能焊接，只能用胶粘剂黏结。

4. 塑料的鉴别方法

塑料的鉴别很重要，只有在确定塑料的种类后才能确定具体的修理方法。因此在对塑料件进行修复前，必须先正确识别塑料的种类，识别方法大致有三种。

（1）根据国际符号或 ISO 码识别法。塑料件背面有一个模压在椭圆内的条款号或缩写供识别，如图 4 - 33 所示。

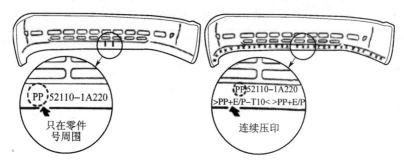

图 4 - 33 车身塑料编号

（2）查阅手册识别法。未标注国际标准符号的塑料件，可查阅最新版本车身维修手册予以识别。

（3）试焊识别法。这种方法是在部件的隐秘区或损坏区选择一种塑料焊条进行试探性焊接，不同焊条的颜色不一样，常用的有 6 种左右。试焊时应准备一套塑料焊接工具，在试焊前对塑料件大致判断其种类，尽可能一次将焊条种类选择正确，然后再进行试焊。

（二）车身塑料材料的修复

1. 塑料的成型加工性能

塑料一般可分为具有吸湿性和不具有吸湿性两种类型，具有吸湿性的塑料有纤维素塑料、有机玻璃、尼龙、聚碳酸酯、ABS 及聚苯醚等，不具有吸湿性的塑料有聚乙烯、聚丙烯、聚苯乙烯及氟塑料等。

吸湿性是指塑料对水分子的亲疏程度，具有吸湿性的塑料如果水分含量超过一定限度，在加工过程中水分会变成水汽，促使塑料高温水解，熔体起泡和黏度下降，影响塑料件的外观和降低机械强度。塑料是一种高聚物，高聚物的分子结构决定了分子运动的物理状态。影响高聚物物理状态的因素有分子结构、化学组成、受力情况及环境温度等。随着温度的变化，分子热运动表现出三种不同的力学状态，即玻璃态、高弹态和黏流态，在一定条件下它们可以发生转变。塑料特性变化如表 4 - 3 所示。

表 4 – 3　塑料特性变化

名称	转变温度	温度极限
玻璃化温度	非结晶型或半结晶型的高聚物从黏流态或高弹态向玻璃态转变的温度	塑料的最高使用温度
流动温度	从高弹态向黏流态转变的温度	塑料的最低成型温度
热分解温度	聚合物在高温下分解的温度	塑料的最高成型温度

在室温下处于玻璃态的高聚物，通常称为塑料。在室温下处于高弹态的高聚物，则属于橡胶材料。从实用角度看，玻璃化温度是塑料材料工作温度的上限，超过玻璃化温度，塑料就会丧失或大大降低其力学性能。

从图 4 – 34 中可以看出，完全结晶聚合物 t_d 和 t_m 之间基本上不呈高弹态，其变形基本保持不变，这有利于扩大聚合物的使用温度范围。

聚合物从熔融状态到冷凝时，分子由无秩序状态的独立移动变成分子停止自由活动、取得固定位置，并排列成为正规模型倾向的一种现象称为结晶。分子链能够稳定整齐排列的称为结晶型。分子链不能得到整齐排列的称为非结晶型。

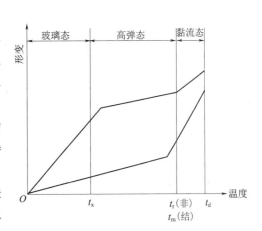

图 4 – 34　聚合物物流状态与温度的关系

结晶型高聚物一般耐热性、非透明性和力学性能都较好，结晶型塑料件随着分子间作用力的增大，密度、刚性、抗拉强度、硬度、耐热性、抗溶剂性、气密性及耐化学腐蚀性等性能随结晶度的增大而提高，弹性、伸长率及冲击强度则有所下降。塑料件中的非结晶部分，虽可增加塑料件的韧性和强度，但也可能使塑料件各部分性能不均匀，甚至使塑料件翘曲和开裂。

工业上为了改善塑料结晶倾向的性能，常采用热处理方法（即烘若干时间）使其由非晶相转变为晶相，将不太稳定的晶形结构转为稳定的晶形结构，使微小的晶粒转为较大的晶粒等。通常，分子结构简单、对称性高的聚合物从高温向低温转变时易结晶。

塑料在生产过程中具有一定的危害性，特别是对人体具有一定的毒性、刺激性和腐蚀性。因此在修理塑料件前要严格遵守有关的安全要求：

（1）生产过程中，打磨、切割塑料件时要对人体做好防护工作，如穿戴好防护服、口罩、防护眼镜等。

（2）塑料在焊接时会散发出有毒有害气体，必须戴好口罩和防护眼镜，并在通风良好处操作，人要站在上风口。

（3）在处理玻璃纤维及硬化剂时，纤维硬化剂都有可能伤及人体皮肤，因此必须戴好

橡皮手套，穿长袖衣服并扣紧衣领及袖口。

2. 塑料零件修理方法

1）塑料件的热校正

大多数汽车车身塑料件都具有良好的弹性和柔性，当受到冲击、挤压等机械损伤时，一般会以弯曲、扭曲或弯扭变形共存的综合变形出现，对变形的热塑性塑料，可采用热校正的方法使变形得到恢复。

车身防撞条、前格栅、仪表板、电器操纵箱等用丙烯腈 – 丁二烯 – 苯乙烯共聚物制成的 ABS 塑料，具有强度高、成型性好和二次加工容易等特点，这种材料变形时可通过热校正修复制件。

对热塑性塑料件进行热校正时，先将变形的塑料件在 50 ℃左右的温度下加热一定时间，当塑料件趋于软化后用手将变形处恢复原状，如图 4 – 35 所示。对局部小范围变形，可用热风枪对变形部位进行加热来校正。

如果变形较大，应使用红外线烘干灯加热变形部位，如图 4 – 36 所示。红外线烘干灯加热效率高、升温快，当塑料件稍有变软时，立即对变形部位进行按压校正。如果变形面积较大，为了获得良好的外观，可以借助辅助工具，如光滑的木板等。使用红外线烘干灯时要注意控制塑料件的受热温度，一般应以 50 ~ 60 ℃最好，最高温度不能超过 70 ℃，避免产生永久性变形。完成校正后，应在原处慢慢恢复到常温状态。不要采用强制冷却或过早移动，避免构件发生整体变形。

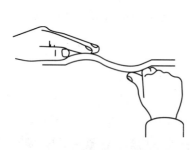

图 4 – 35　用手将变形处恢复原状

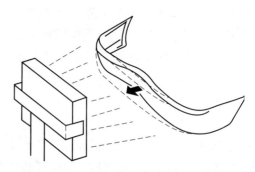

图 4 – 36　用红外线烘干灯加热变形部位

2）热空气塑料焊接

塑料焊接时塑料焊条只在表面软化，芯部仍维持原状。焊接完毕后焊条的形状没有多大变化。塑料焊接时，在对焊件和焊条加热的同时，向焊条施加压力，使焊条进入焊区并形成永久结合。塑料在焊接时只是焊缝两侧有熔流带，中部与焊条原有形状一致。图 4 – 37 所示为手工塑料焊接示意图。

除手工塑料焊接外，也可选用热空气塑料焊机来焊接。热空气塑料焊机由空气压缩机提供气源，采用电热元件加热空气（230 ~ 340 ℃），热空气通过焊嘴喷到塑料上。大多数热空气塑料焊机使用的焊嘴工作压力为 21 kPa。典型的热空气塑料焊机如图 4 – 38

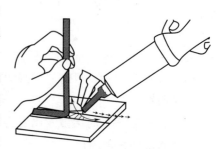

图 4 – 37　手工塑料焊接示意图

所示。

　　热空气塑料焊机的焊炬连同焊条一起使用，焊条的直径通常为 5 mm，如图 4 – 39 所示。焊接时塑料焊条必须与所要焊的塑料材质相同，这样才能保证焊接后的塑料具有适当的强度、硬度和柔韧性。根据焊接的不同要求可选用不同的焊嘴，塑料焊炬的焊嘴类型及用途如表 4 – 4 所示。

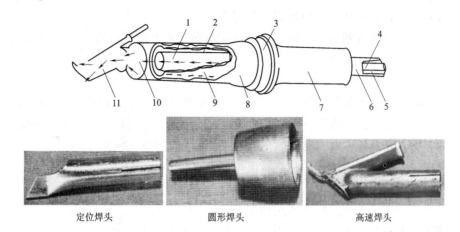

定位焊头　　　　　　　圆形焊头　　　　　　　高速焊头

图 4 – 38　典型热空气塑料焊机

1—加热元件；2—加热腔；3—固定螺母；4—电源；5—压缩空气或惰性气体；6—空气管；7—把手；
8—外套管；9—内套管；10—热空气；11—焊嘴

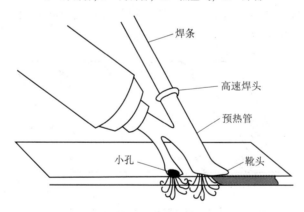

图 4 – 39　高速焊嘴焊接

表 4 – 4　塑料焊炬焊嘴类型及用途

焊嘴名称	焊嘴用途
定位焊嘴	焊接前，把破裂的塑料截面定位在一起，然后施焊
圆形焊嘴	用于短焊、小孔焊，或在不易接近的地方焊接以及尖角焊接
高速焊嘴	把持、送进并自动预热塑料焊条，适用于较快的焊接速度、长直焊缝和各种形式的焊接

　　使用热空气塑料焊机，应严格按使用说明书正确操作，以免不当操作造成热空气塑料焊机的损坏。热空气塑料焊接的程序大致如下：

（1）焊机的焊接温度调节至适当值。

（2）清洗塑料零件并擦干。

（3）在损伤部位开 V 形槽并清洁，切不可使用清洁剂清洁。

（4）在损伤部位一侧斜切宽约 6 mm 的斜坡。

（5）对损伤部位进行定位焊或用铝质胶带粘贴好。

（6）选用最适合于损坏件材料的焊条和焊嘴。

（7）焊接深度应进入基底材料厚度的 75%，焊好后冷却凝固硬化处理约 30 min。

（8）磨削焊缝至适当的轮廓。

3）无空气塑料焊接

无空气塑料焊接是在无空气源的情况下，用电加热元件熔化直径小于 3 mm 的焊条所进行的焊接。这种焊接方法可消除板翘曲及焊点粗大现象。无空气塑料焊接的程序如下：

（1）焊条放在预热室中时，将焊嘴的底板平面部分放在 V 形槽中。

（2）把握焊炬直至焊条熔化并从底板流出。

（3）焊接时需施力使焊条进入预热室，注意进给量不能太大。

（4）慢慢移动底板并交叉往来直至槽中填满熔化的塑料。

（5）熔化的塑料要进入基体材料中，特别是要进入 V 形槽的顶部。

（6）一次完成焊接 25 mm 长度，在塑料冷却之前使焊点平滑。

4）焊接形式

进行定位焊接时两板材的接边要对准，较长焊缝可先进行断续定位焊几小段，然后再进行连续焊接，如图 4 - 40 所示。

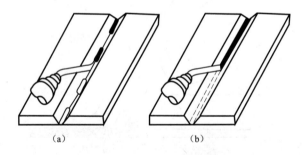

（a）　　　　　　　　　　　　（b）

图 4 - 40　定位焊的两种用法

（a）断续式定位焊；（b）连续式定位焊

定位焊的程序如下：

（1）对准损伤部位，并用夹具或铝质胶带固定。

（2）定位焊嘴熔化损伤部位两边，沿着裂纹根部形成薄的黏结结合面。

（3）将焊嘴尖端沿着焊区移动进行定位焊接。

（4）定位焊接无须焊条，将焊嘴尖端熔化两接边，熔化部分使两接边对准黏结而形成焊缝。

断裂损伤保险杠的焊接修理：准备塑料焊接修理工具一套；修理时先对损伤保险杠的损伤区打磨、开坡口，如图 4 - 41 所示；对塑料保险杠开裂处进行焊接，如图 4 - 42 所示；对焊后的保险杠打磨焊缝至平整，如图 4 - 43 所示。

图 4-41 保险杠打磨、开坡口

图 4-42 塑料保险杠焊接

5）焊接修理的注意事项

（1）对塑料件打磨后一定要将表面的打磨尘清洁干净。

（2）对塑料件焊接时，如果焊缝较长要作多段定位焊接。

（3）焊接时对塑料件的加热温度不能太高，以免烧损塑料成分。

图 4-43 打磨焊缝

（4）焊接后打磨一定要待塑料件冷却后再进行。

五、塑料件的修理方法

化学黏结是修理塑料件普遍而适用的方法。热固性塑料只能采用黏结法修理，热塑性塑料虽能加热软化焊接，但使用黏结法更为方便简捷。

用胶粘剂修理塑料通常使用两成分型胶粘剂，成分一为基体脂（如树脂），成分二为硬化剂或催化剂。选择胶粘剂修复塑料件，必须首先识别塑料的类型。

1. 划痕与裂纹修理

塑料件产生较轻微的划痕或裂纹，如图 4-44 所示，对这类损伤采用胶粘剂进行修理是较简单而实用的方法。对划痕或裂纹利用胶粘剂修理可按以下步骤进行：

（1）打磨、清洁损伤部位。修理塑料件的划痕或裂纹，首先用打磨工具将损伤表面的喷涂层打磨干净，之后将划痕或裂纹部位擦洗干净。

（2）黏结修理。损伤部位打磨、清洁以后，在打磨后的划痕或裂纹表面刮涂胶粘剂，如图 4-45 所示。待胶粘剂干透硬化以后，将胶粘剂打磨平整，接下来即可进行表面喷涂颜色。

图 4-44 塑料件表面划伤

图 4-45 刮涂胶粘剂

2. 撕裂和刺破的修理

对于撕裂或刺破等较为严重的损伤，采用胶粘剂修理还需对损伤部位的背面采取增加强度的措施。修理可按以下程序进行：

（1）对损伤部位打磨、清洁及开坡口。

① 打磨、清洁：在对撕裂或刺破损伤修理前，应将损伤表面彻底清洗，如图 4 - 46 所示，然后擦干。接着可对损伤区域进行打磨，在打磨正面的同时还需将背面一起打磨干净。

② 开坡口：清洗打磨以后，使用 80 目的砂纸打磨损伤部位的两面，清除油漆，并沿着缺口打磨出 V 形凹槽，如图 4 - 47 所示。也可用美工刀切割出坡口，以有利于涂上黏结促进剂。为了提高黏结力，可在缺口的周围钻几个小孔，如图 4 - 48 所示。

图 4 - 46　对损伤区域清洗

图 4 - 47　打磨出 V 形凹槽

（2）黏结修理。

① 背面处理，在修复前先剪一块比撕裂大的加强网，为以后覆盖在塑料件背面作增强用，如图 4 - 49 所示。

图 4 - 48　在缺口的周围钻孔

图 4 - 49　裁剪加强网

② 涂胶粘剂，背面的处理结束后，装上静态混合胶嘴，在先前剪好的加强网上打上混合后的胶粘剂，如图 4 - 50 所示。

图 4 - 50　在加强网上涂胶粘剂

思考题

一、判断题

1. 车身覆盖件一般以冷轧钢作为主要材料。 （   ）

2. 车身结构件一般采用高强度钢制成。 （   ）

3. 在修理中对钢板进行加热的目的是消除钢板内部应力，而不是过度加热来软化钢板以方便修理。 （   ）

4. 钢板发生加工硬化后必须更换而不能修复。 （   ）

二、选择题

1. 车身塑料件轻微损伤一般可以通过（   ）来修复。

A. 焊接　　　　　　　　　B. 粘接　　　　　　　　　C. 更换

2. 碳棒缩火可以引起材料的变化没有下列哪一项？（   ）

A. 变硬变脆　　　　　　　B. 收缩　　　　　　　　　C. 塑性提高

3. 钣金件在修复过程中应该先修（   ）。

A. 弹性变形　　　　　　　B. 塑性变形　　　　　　　C. 加工硬化

三、简答题

1. 简述车身不同部位的材料区别。

2. 简述塑料材料的分类及区别。

3. 简述不同类型塑料材料的修复工艺。

4. 简述车门划痕的修复方法。

项目五

大事故车修复方案

学习目标

（1）了解大事故车身评估流程。

（2）能够评估损伤维修费用。

（3）掌握各种校正设备的特点及使用方法。

（4）了解校正力及校正方法。

一、大事故车身损伤评估

（一）评估的重要性

损伤评估也称损伤报告、损伤鉴定，是大事故车辆修复工作中的一个重要环节，用来估算修理费用和维修时间，其具体流程如图5-1所示。损伤评估前，应充分了解车辆碰撞时的状况，沿力的传递路线逐步进行排查，通过外在的一些表现特征，结合测量设备仔细、认真地复核、确认。损伤评估时间的增加通常不会导致维修周期的延长，因为估算准确反而可以使工作效率提高，从而减少整体作业时间。

相对于综合修理厂，专修厂、4S店在车辆损伤评估时具有一定的优势。因为每天针对的只是某一品牌车型，维修人员对车身结构及各个总成件比较熟悉，加之配件查询系统及技术手册的辅助支持，在碰撞时即使是一些小的卡扣、支架脱落或破碎，维修人员也能凭借记忆准确地进行损伤评估。在车辆发生碰撞时，哪些部位容易出现损伤变形，他们相对也比较了解。

损伤评估在大事故车辆修复工作中占有重要地位，评估的准确与否直接关系到保险公司、客户、维修厂，甚至维修人员个人的切身利益，因此应该由专业的评估师或经验丰富的维修人员进行评估。一旦评估不准确，将会导致以下问题：

（1）损伤评估金额过高，业务被其他竞争对手抢走；金额过低，维修企业利润下降，甚至会亏本运营。

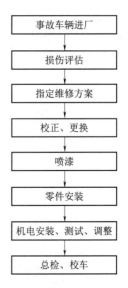

图5-1 大事故车辆作业流程

（2）遗漏或报错零部件，需要再次或反复与保险公司、客户协商，重新追加。如果保险公司、客户不认可，损失就要由维修企业承担，造成利润下降。即使保险公司、客户认可，遗漏或报错的零部件，一般只有在结构件校正、更换后，安装覆盖件进行验证时或者喷涂工序完成后安装零部件时才会发现。如果恰好没有库存，就需要重新订货，交付日期将会延误。特别是进口车型，订货周期一般比较长，最终将会造成客户满意度的下降。

（3）没有发现隐藏的损伤。损伤评估不仔细，检查不彻底，隐藏的损伤往往不易发现。车辆校正过程中，损伤的部位很难按照预定方案恢复。此时再去排查，原先制定的维修方案将被打乱，牵引部位、拉伸方向、作业顺序都要重新调整，前期的劳动毫无用处。由于反复校正，车身金属材料疲劳，很可能会加重钢板的损伤。隐藏的损伤如果一直没被发现，应力将不会得到有效释放，为以后故障的产生埋下了隐患。

（二）注意事项

拆检评估时，拆一件，写一件，以免遗漏，尽量不要等全部拆卸后再一起填写。拆检顺序一般按照撞击力的传递路线逐次推进，这样损伤评估报告条理清楚，保险公司勘查、客户咨询、配件报价时查询都比较方便。根据损伤情况或者凭借经验拆卸内部有可能变形的覆盖件或内饰件，不能抱有侥幸和懒惰心理，以减少可能存在的隐蔽性损伤部位，避免反复追加。事故车辆拆检时一般处于断电状态，有些电气、机械部分内部便无法进行检查。如果存在损坏的可能性，应在估价单上注明"待定"字样，以免引起不必要的纠纷。

（三）损伤维修费用估算

修理费用主要由零部件价格、工时费以及辅料费三部分组成。

1. 零部件价格

零部件可分为原厂件（OEM件）、副厂件和拆车件三种。

（1）原厂件也称装车件，由主机厂或其配套供应商向4S店、专修店提供。原厂件的品质与原车相同，质量有保证，包装精良，上面会标有零件号等信息，如图5-2所示，但价格相对较高。4S店、专修店都会配备零部件查询系统，输入车辆信息后，零部件的价格、库存状况等便可及时知晓。中低端车型的原厂件一般可以从汽配市场购买，而高端车型特别是进口车型，由于厂家垄断，通常很难从汽配市场买到原厂件。

（2）副厂件并非由主机厂或其配套供应商提供，价格相对便宜。由于模具精度、生产工艺、使用材料等与原厂件有一定的差距，产品质量一度受到质疑。副厂件的形状、尺寸与原厂件通常会有些许出入，如图5-3所示，安装时调整的工作量较大。综合修理厂使用副厂件的概率较高，所以很多车主更愿意到4S店进行维修。

图5-2　原厂件

（3）拆车件是指从旧车或报废车上拆卸下来的配件。我国南方的一些沿海城市、口岸有专门的拆车件市场，且车型比较齐全。拆车件的质量相对有保证，价格比原厂新件和副厂件都要便宜很多，因而既经济又环保。对于大事故车而言，如果有很多块钢板需要逐个组装、定位、焊接，采用整体的拆车件是一种不错的选择，如图 5-4 所示。很多停产、老旧的车型，其零部件不易购买时，也可以考虑使用拆车件。

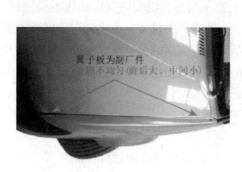

图 5-3　副厂件

图 5-4　拆车件

2. 工时费

工时费中包含了零部件更换与拆卸的所有费用。其计算方式为：工时费 = 工时费率 × 工时定额。

工时费率随车型（如高档车、中档车和低档车）、地域（如大城市和中小城市，经济发达地区和经济欠发达地区）、维修厂资质（如 4S 店、一类修理厂、二类修理厂和三类修理厂）、工种（如机电、钣金和喷涂）的不同而不同。工时费率差距较大，大城市高档车型 4S 店工时费可能高达 800～1 000 元/小时，而小城市低档车型的修理厂每工时可能只要 100 多元。

工时定额根据修理的项目而定。工时通常可分为拆装工时、更换工时、修理工时、辅助作业工时等。

拆装工时是为了方便检修，将损坏的零件或总成从车身上拆卸下来，然后再安装到原位置，并调整好。更换工时是从损坏的总成上拆卸附件转移到新的总成上，然后将新的总成进行安装并调整好。

更换与拆装不同，更换工时通常大于拆装工时，如拆装车门，只是将车门从车身上整体取下、安装，而更换车门除上述操作外，还需要拆装车门升降器、车门玻璃、玻璃压条、导槽、门锁、反光镜、铰链、开度限位器、车门密封条等。对于小的零件，拆装工时与更换工时一般大致相同或较为接近，但某些情况下，拆装工时反而会大于更换工时，如更换车身字标，新的字标上已经带有双面胶，各字标的间距也已定位，直接粘接到原位置就可以。如果只是拆装，拆卸后需要将双面胶按照字标的形状，逐一进行裁剪，粘接时还需要定位，工作量相对较大。

修理工时也称整形、修复工时，主要是指覆盖件整形、结构件更换和校正操作。修理工时包含的操作较多，如检查确定损伤程度及范围，拆除相关零部件，拉伸校正，板件分离、调整、定位、焊接，打磨焊接接头，防腐等。遇到工作重叠的情况，可适量减少工时定额。

工作重叠是指更换两个相邻的板件时，连接区域便会产生部分重叠工作，如更换同一辆车的水箱框架和前纵梁时，这两个板件的连接部位就是重叠区域。

辅助作业工时是指作业前清洁零件碎片、油迹、血迹、碎玻璃，将车辆固定至校正架，拆检过程中的粗拉伸，按照技术要求或操作规范需要进行的工作。如拆卸或断开蓄电池电缆、安全气囊插头等；为避免事故、火灾的发生，拆卸油箱、油管；新板件型号与原车不匹配，改动、使用副厂件而需要进行一定的改装或改动；车辆修复后电器初始化、编程等。辅助作业工时包含的操作比较琐碎，但又是不可缺少的工作，总体时间比较长，估价时应充分考虑。

工时定额一般可通过以下几个途径进行查询：

（1）"工时查询软件"、《工时手册》。

"工时查询软件"、《工时手册》是由主机厂提供的。该类工时定额是制造商在正常修理厂条件下，针对某个项目，通过维修人员多次、反复操作所用时间的平均值，与实际作业时间比较接近。由于每个事故所造成车辆损伤的位置、程度、范围等区别较大，主机厂一般只提供零部件的拆装、更换工时，而不提供整形的工时。

（2）《碰撞损伤评估指南》。

《碰撞损伤评估指南》由 MITCHELL 公司和 MOTOR 公司编写，里面提供了各种车型的零部件拆装、更换工时，部分提供了修理工时。

（3）保险公司、评估公司使用的工时费定额。

某保险公司内部使用的工时费定额如表 5-1 和表 5-2 所示。根据排量大小、轴距长短等，将车辆划分成不同的类别和等级，根据市场价格大致估算出工时费用。该种计算方式没有具体到每个车型，也没有逐项验证，比较笼统，数据量小，准确性也有待提高。另外，保险公司也常会采用软件定额，即根据车辆的损伤情况，查出维修工时费，如图 5-5 所示。

表 5-1　某保险公司拆装工时费用　　　　　　　　　　　　　　　　　　元

拆装项目	微型车	低档车	中档车	高档车	豪华车
拆装引擎盖	50	50	100	200	300
拆装车门	100	150	200	250	400
拆装前后保险杠	80	100	150	200	300
拆装前翼子板	80	150	150	250	350
拆装前大灯（单个）	50	80	120	200	300
拆装后尾灯（单个）	30	50	80	150	200
拆装车门玻璃升降器	100	150	200	200	250
拆装外拉手	30	50	80	100	150
拆装车门防擦条	10	20	50	80	100
拆装后视镜（单个）	50	80	100	120	150
拆装前后座椅	150	200	300	400	500
拆装内饰件（全部）	200	300	500	600	800

表 5 - 2　某保险公司整形工时费用　　　　　　　　　　　　　元

修理部位		微型车	低档车	中档车	高档车	豪华车
前部事故	发动机盖整形	150	200	250	300	500
	前纵梁整形	120	150	200	250	400
	水箱框架整形	100	200	250	300	300
	保险杠骨架整形	100	200	300	400	500
	前保险杠修复	100	200	300	400	400
	前纵梁修复	300	500	600	800	1 000
后部事故	后备厢盖整形	200	300	400	600	1 000
	后翼子板整形	200	300	400	600	700
	后围板整形	150	200	300	500	500
	后备厢底板整形	300	500	600	800	1 000
	后保险杠修复	100	200	300	400	400
	后纵梁整形	300	500	800	1 000	1 200
中部事故	车门整形	200	300	400	600	800
	门柱整形	200	300	500	700	1 000
	中部底板整形	300	500	800	1 200	1 500
	车顶整形	200	400	600	800	1 000

（4）各地方汽车维修行业协会、物价局、交通局制定的《汽车维修工时定额与收费标准》。

3. 辅料费

常用辅料包括螺栓、螺母、卡扣、铆钉、密封胶、玻璃胶等。低端车型所使用的辅料价格相对比较便宜，保险公司理赔时，多采用适当增加工时费的方式予以补偿。而进口的高端车型，特别是铝车身修复所用的辅料价格较高，如专用铆钉、双组分胶等，损伤评估时应详细列入核算范围。

（四）钣金件修理与更换原则

损伤评估时应根据损伤的具体情况，并参阅生产厂家的维修手册，以决定车身钣金件的维修方式。

1. 结构件修理与更换

结构件的修理与更换原则如下：

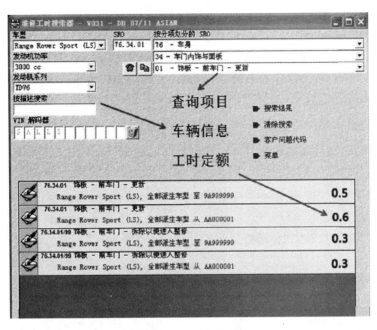

图 5 – 5　工时查询软件

（1）弯曲与折损。美国碰撞修理行业经过大量的研究认为，结构件弯曲变形应该修理，折损变形应该更换。弯曲变形是指损伤部位与非损伤部位的变形过渡圆滑、连续，通过修理可以恢复原状，并且不会留下永久性的塑性变形。折损变形是指损伤变形剧烈，在很短的长度上弯曲可达 90°以上，校正后会出现明显的加工硬化现象及裂纹，如图 5 – 6 所示，或者校正后将留下永久的塑性变形，不经过加热处理不能恢复到原来的形状。

图 5 – 6　纵梁校正后出现严重的加工硬化现象

（2）技术条件达不到要求，或采用更换的方式有可能加重车身损坏时，应采用修理的方式。承载式车身由若干块钢板拼焊而成，如果采用更换的方式，需要切割分离、定位、焊接、打磨等多道工序，对技术条件要求较高，特别是可能降低安全性、影响关键尺寸的地方，一旦修理中的一个环节出现问题，将会破坏车辆的整体性，影响到车辆的安全性、密封性、防腐蚀性能等。

（3）结构件出现撕裂伤或者基础件固定点螺纹损坏时应予以更换，如图 5 - 7 所示。在剧烈碰撞力的影响下，经常会导致基础件固定螺丝的螺纹损坏，它隐藏在结构件的内部，为封闭式箱形结构，常规的方法很难有效处理，由于事关车辆行驶的安全性能，因此应采取整体或局部切断更换的方式解决。

2. 非结构钣金件修理与更换

非结构钣金件，也称覆盖钣金件，包括可拆卸的前翼子板、车门、引擎盖、行李厢盖，也包括不可拆卸的后翼子板和车顶。其中，后翼子板和车顶是通过焊接方式连接到车身上的，更换时相对比较麻烦，操作不当对车辆也会产生一定负面影响，当损伤程度介于更换与维修之间时，建议采取如下修理方式：

（1）材料价格接近或达到整形修复的工时费，应该更换。

（2）双层结构的钣金件，如车门（图 5 - 8）、引擎盖、行李厢盖的内层板变形时，不建议分开内外层修复，应该更换。

 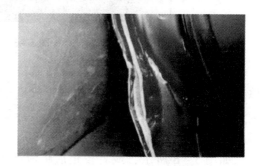

图 5 - 7　元宝梁固定点螺纹损坏　　　　　图 5 - 8　车门内层钢板变形

（3）车门外层钢板变形严重，如果有单独的零配件供应，可只换车门外皮，不需要整体更换。

（4）整体形状仍在，只是中部出现损伤，可以考虑修理。

（5）撞击点位于覆盖钣金件的边缘位置，整体形状发生改变，应该更换。

（6）撕裂长度大于 60 mm，应当更换。

❈ 二、大事故车身校正

校正是指通过一定的外力，将变形的车身恢复到原有状态的一种工艺过程。其中"状"是指浅层次的车辆外观是否与原来的形状相似，而"态"则是内在因素，如损伤部位修复后，其强度是否能够满足二次碰撞要求，内部的应力是否已经消除，会不会导致车辆在使用过程中出现一些难以预料的变化等。

车身局部损伤修理主要依赖于基本技能，而大事故车辆修理还需要依靠丰富的经验并借助先进的设备和仪器来完成。传统的车身校正方法，采用的多是强力。例如将车辆后部损伤的部位与大树使用钢丝绳连接，将车辆快速向前移动，利用瞬间的冲击力，从而将损伤部位基本复原。这种方法的缺点是车辆移动过程中，连接部位、钢丝绳容易崩断，容易产生安全隐患，对车辆机件也会造成极大的损害。另外，损伤的恢复程度很难精确控制，往往会导致车身二次损伤。当然，在缺少设备的情况下，能够因地制宜，创造性地利用现有工具将车辆修复，也是一种权宜之计，如图5-9所示。随着一些先进设备、仪器的出现，现在的车身校正主要是利用缓和的校正力将损伤部位可控制恢复。这对于损伤部位恢复程度的精确控制以及构件内部应力的消除都具有十分深刻的意义。

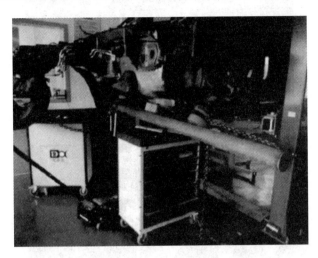

图5-9 利用车辆自身力量进行修理

（一）校正设备的种类及特点

1. 框架式校正架

框架式校正架也称衔架式校正架，起源于欧洲，目前仍是欧洲维修企业主要使用的校正设备。框架式校正架具有以下特点：

（1）宽度相对较窄，纵梁和横梁之间有足够的空隙，一般可以升降到合适的高度，从而有足够大的维修空间。

（2）采取可移动式设计，方便车间内的设备布置。

（3）多数该类型的校正架配备定位夹具，既可进行精确测量，也可通过定位夹具将修复到位的点定位，这样可以避免损伤的部位反复变形，提高生产效率。

根据定位夹具的组合方式不同，一般可以将框架式校正架分为两大类。一种是定位夹具不可调整的形式，如图5-10所示，该类型的设计灵感来源于制造厂车辆生产线。其最大的优点为设计思路简单，对经验的依赖程度降低，只需要将损伤控制点拉伸到与所对应的夹具对正，就表示损伤已经恢复到位。其缺点为每套夹具只适用于一款车型，一般仅适用于4S店或专业维修厂。另一种为带有模块式定位夹具的形式，如图5-11所示，夹具可以进行组合，以满足不同车型的定位需求。框架式校正架最大的缺点是车辆固定时间较长，不适用于中小型事故车辆修理。另外，框架式校正架一般只标配一个拉塔，难以满足多点拉伸的修理要求。

图 5 – 10　带有定位夹具的校正架

图 5 – 11　带有模块式定位夹具的校正架

2. 平台式校正架

该类校正架起源于美国，因为美国的车体多数较宽，同时符合美国人喜欢宽大豪华的生活习惯。平台式校正架如图 5 – 12 所示，价格相对便宜，目前在国内市场的占有率最高。其主要优点为：采用单边升降方式，方便事故车上下，节约固定时间，方便大中小型事故车辆修理；平台较宽，适合于多种车型的修理；体积大，多采用网格设计，方便向下拉伸、向上推顶等操作；拉塔可以 360°旋转，无拉伸盲点。平台式校正架最大的缺点为作业空间小，没有配备定位夹具或精确支撑工具，更换结构件时较麻烦。

3. 地框式校正架

车身校正设备的发展过程中，起步较早的且仍在广泛使用的设备就是地框式校正架，如图 5 – 13 所示。虽然各种性能优异的校正设备不断涌现，但地框式校正架由于具有一定的自身优势，仍然具有很强的生存空间。其优势如下：结构简单，操作方便，适合中小型事故车辆的快速修理；占用空间少，可以作为快修工位或临时停车位；扩展功能强，特别是多连体的地框式校正架经过组合，可满足特大事故车辆的多点粗拉伸需求。地框式校正架的缺点为车身下部作业空间小，难以满足大事故车辆的修理要求。

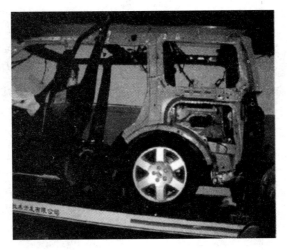

图 5 – 12　平台式校正架

图 5 – 13　地框式校正架

4. 顶杆和拉杆

1）液压顶杆

液压顶杆也称分离式液压顶杆，由油泵、软管、快拆卸接头、液压缸和各种附件组成，如图 5 – 14 所示。液压顶杆输出的力量较大且平稳，长度可通过增减快速接头调节，适应于多种作业环境施加推力。附件的形状、大小不一，有的附件可提供扩张力，以适合车身各种位置的修理要求。钢质附件顶端一般设计为齿状，以增加摩擦力，防止操作时滑脱，带有橡胶的附件可减少凸缘位置的变形及油漆脱落。液压顶杆的缺点为液压缸密封圈容易失效、老化，使用过程中往往会出现渗油、漏油现象。另外，如果安装多节接杆，操作时接头部位容易弯曲，难以控制。

2）机械顶杆

机械顶杆也称丝杠，由两根丝杆和圆管组成，如图 5 – 15 所示，丝杆直径较粗，分别被加工成正反螺纹，圆管壁厚且较大，内部套出相应螺纹扣。使用时，只需旋转圆管便可施加推、顶力量。与液压顶杆相比，机械顶杆的优点为操作时不会产生弯曲，便于控制，但输出的力量较小。

图 5 - 14　分离式液压顶杆

图 5 - 15　机械顶杆

3）机械拉杆

机械拉杆与机械顶杆设计原理相似，两端增加了夹钳，如图 5 - 16 所示。将两端夹钳分别夹住凸缘位置，通过旋转圆管，可产生推力或拉力，适用于门框、挡风玻璃框的校正及焊接前定位。

（二）车身校正注意事项

（1）操作人员实行岗前培训，严禁无证上岗。

（2）车身安装牢固、可靠，拉拔力不得大于车身的固定合力。必要时牵引力的反向也要进行固定，防止车身被拉离校正台。

（3）裸露的尖锐部位应使用软质材料包住，如图 5 - 17 所示，做好安全防护，以免工作中伤害身体。

图 5 - 16　机械拉杆

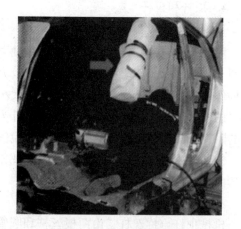

图 5 - 17　尖锐部位防护

（4）校正工作正式开始前，一些结构件上的标识应该使用胶带进行防护，如图 5 - 18 所示，以免修理过程中划伤。很多标识并不单独提供，一旦划伤，将很难处理。

图 5–18　标识防护

（5）确保拉伸点连接牢固。如果使用夹钳固定，可在连接部位的钢板上焊接几个小的焊珠，可以增加牢固程度。

（6）必须使用与校正设备配套或推荐型号和级别的牵引链条及吊钩。拉伸前，应将顺链条，以免扭曲。施加较大的拉力时，扭曲的链条极易断开。

（7）使用安全绳将夹具、链条和车身连接在一起，以防止夹钳脱开后飞出，造成人身伤害。如果施加较大的拉力，可在链条上挂一条较大的毯子，以起到缓冲作用。

（8）拉伸时，维修人员应远离校正区域，严禁与链条处于同一直线。

（三）校正力及校正方法

校正力的作用效果取决于校正力的大小、方向和校正位置，即力的三要素：大小、方向和作用点。

1. 校正力的大小

理论上，校正力应与碰撞时输入的力量相等，但由于金属具有弹性变形的特点，在实际的操作过程中，校正力应适当大于撞击力。横向校正时（如前纵梁左右拉伸），校正力相对较小；纵向拉伸时，需要的校正力相对较大，特别是损伤即将要恢复到位时，校正力有时大得惊人。校正力过大，有可能造成油缸损坏、拉塔变形、连接处钢板撕裂，或者链条断裂、夹钳飞出等安全隐患。因此，使用较大的力量校正时，必须做好安全防护措施。为提高修复效果，强力校正作业时应该充分考虑以下几点。

1）边校正边释放应力

敲击和加热是消除应力的主要手段，可显著提高拉伸效果，从而间接减小拉拔力量。敲击消除应力是指在校正的同时或在保持校正力的情况下，通过手锤击打变形区域，使金属内部的晶粒松弛，从而使损伤内部的应力得以释放。敲击时，锤击部位应处于板件的棱角部位，皱褶的部位不要直接敲击，以免形成更深的折损，可敲击周围区域使折损逐步展开。敲击平面时，应采取"弹性敲击"的方法，即锤击力量不完全施加于板件，手锤与板件接触的瞬间，有一个向上弹起或向一侧滑开的动作，该种敲击方法与类似"钉钉子"的动作有较大的差异。也可使用木块作为垫块，以避免受力点集中，使锤击力分散，减少变形。通常，在拉伸力及锤击力的双重作用下，损伤部位可以恢复到原有形状。如果凹陷部位无法恢复，可以在保持拉伸力的同时使用车身外部整形机进行拉拔修理，或者在折损部位的另一侧采取"开窗"的方法，如图5-19所示，从孔内伸进工具进行修理。加热是消除应力的另一种效果比较显著的方法，但温度控制不当会造成钢板强度降低，一般不建议使用。另外，过度拉伸也是消除应力的一种手段。过度拉伸是指将变形控制点拉伸到标准尺寸后，再继续施加拉力多拉伸一点，当拉力释放后，由于金属的回弹特性，使控制点正好符合标准尺寸。强度相对较弱的损伤，适宜采用过度拉伸的方式消除应力；强度较高，需要较大拉伸力的损伤采取这种方式很难有效修复。

为满足锚固需求，以及作业时车身底盘与校正架之间有足够的作业空间，车辆上校正架后将会通过夹具被悬空固定。这种设计较为实用，但也会产生一定的负面影响，如拉伸力较大时，车身整体会向拉伸方向一侧移动，甚至造成车身固定夹具或夹持部位变形，严重的时候还有可能导致车身被拉离校正架，从而影响到最终的拉伸效果。因此，强力拉伸时进行辅助固定非常必要。另外，从维修工艺角度而言，车身是由若干块钢板通过焊接方式连接在一起，如果某一封闭式箱形结构件折损严重，当损伤恢复到一定程度后，拉力将分散到与之相连的每块钢板，带动整个车身向拉伸方向倾斜，容易造成俗称的"大梁太硬，拉不动"的假象。针对这种情况，应该在损伤结构件的另一侧进行辅助固定，如图5-20所示，施加一个反向的力，这样校正的时候整个力量只是作用于单个结构件，而不是分散到整个车身，便于损伤修复。

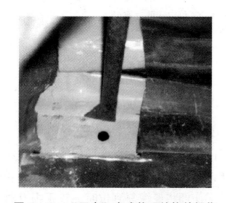

图5-19 "开窗"方式修理结构件损伤

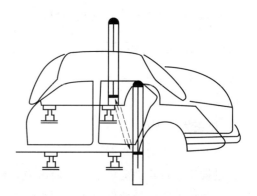

图5-20 拉伸底板下部横梁

2）拉、推结合综合校正

为了增加校正效果，便于损伤有效修复，有时需要采取拉、推结合的方式完成修理。例如车身前部受到严重的撞击，导致前立柱发生倾斜变形。这种类型的损伤比较常见，修理时只靠单纯的拉伸，需要输出的拉力较大，释放拉力后变形部位容易产生回弹，很难将损伤快速修复到位。如果在拉伸过程中使用分离式液压顶杆配合施加推力，如图5-21所示，将力有效分解，损伤修复将变得相对容易。

2. 校正力的方向

校正的目的是将损伤内部的应力消除，使其恢复到事故前的尺寸。要达到这个目标，应当在损伤部位施加一个与碰撞力相反的校正力。有些情况下，只需要调整拉塔角度及链条高度，使校正力的方向与损伤部位垂直即可，如图5-22所示。实际上，由于车身结构比较复杂，受力方向、角度不同，损坏形式就会变得多种多样，修理所需的拉伸角度、方向也应随之改变，多数的损伤只施加一个单纯的垂直校正力难以使损伤修复。如纵梁前端受到一侧斜下方的撞击，梁头在宽度和高度方向将会发生变形。对于此类变形，应在理想的拉伸轴的假想延长线上，即沿受力方向斜向施加校正力，可同时修理梁头的宽度和高度，如图 5 – 23 所示。这种使用一根链条拉伸的方式称为单一拉伸，对于轻微的损伤非常有效。

图 5 –21　拉、推结合修理

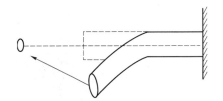

图 5 –22　垂直方向拉伸

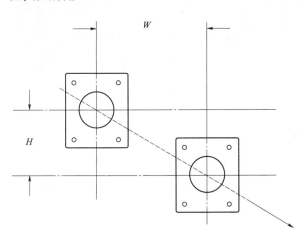

图 5 –23　斜向拉伸

　　如果损伤相对严重，单一拉伸法将无法满足修理要求，需要其他拉塔配合拉伸。如很多前纵梁的中部呈非准直的外弯曲形状，前部受到碰撞时这些部位极易出现变形。校正过程中，当向前施加的拉伸力使弯曲部位接近恢复后，在纵梁的侧向应该再施加一个校正力，以避免弯曲部位出现二次损伤，如图 5 –24 所示。这种从不同方向，使用多根链条拉伸的方法称为多重拉伸。

　　车身整体严重受损的情况下，损坏部位的强度也发生了变化，采用多重拉伸法是非常必要的手段。如侧向碰撞造成车身产生"香蕉状"变形，拉伸时需要将力分解成三个方向，这样可以减少中部侧向拉伸时所需要的总力，如图 5 –25 所示。

　　当一个倾斜的校正力与另一个倾斜的校正力相互交汇时，将会形成一个合力，并且力的方向也会发生改变。利用这种原理，可以使用机械顶杆修理向下变形的车身立柱，如图 5 –26 所示。

图 5 – 24 多重拉伸

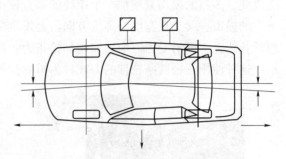

图 5 – 25 三向拉伸

图 5 – 26 修理向下变形的车身立柱

3. 校正位置

校正位置及连接方式直接影响到校正效果。

1）校正点位置

直接撞击点不一定是最佳校正位置，校正位置也不一定是直接损伤区域。校正位置正确，在校正力的作用下，损伤可以快速修复到位；校正位置错误，即使使用较大的校正力，损伤也不能完全修复。校正前，应对受力方向及损伤部位的结构进行综合分析，并注意观察哪些部位发生了收缩变形，以便确定出正确的校正位置。例如前纵梁弯曲，内侧弯曲部位的金属已经产生收缩，校正时将固定位置选择在内表面，可以获得较好的拉伸效果，如图 5 – 27 所示。

碰撞的瞬间撞击力有时会穿过一些箱形部件，造成车身内部构件变形。虽然这些箱形部件起到承载作用，有足够的强度，但如果作为固定位置向外侧拉伸，由于其内部为腔结构，车身内部构件的损伤将不会有明显的修复效果。对于这种情况，应在箱形结构件上钻出适当直径的孔，伸入钢筋与内部损坏部位焊接在一起，这样校正的时候，内部损伤的修复效果较为理想，如图 5 – 28 所示。

2）连接方式

为保证校正作业能够顺利进行，需要将链条的拉钩与损伤部位连接在一起。连接方式主要有以下几种：

（1）专用夹钳。很多校正设备都会附赠一套夹钳，也可以另行采购。夹钳有多种规格

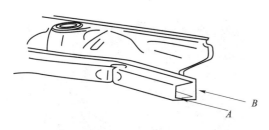

图 5 – 27　拉伸 A 点一侧可获得较佳效果

图 5 – 28　校正车身内部结构件

及形状，以满足不同损伤部位的固定要求。夹钳的适用范围较广，可以夹持凸缘、平板等，如图 5 – 29 所示，是车身校正时最常用的连接工具。其端面呈齿状，便于夹紧钢板，以避免拉伸时滑脱。

（2）尼龙拉带。尼龙拉带采用优质高强度尼龙加工而成，可以拉伸纵梁、立柱等结构件，如图 5 – 30 所示，优点为拉伸过程中不会划伤油漆。

图 5 – 29　使用夹钳连接

图 5 – 30　尼龙拉带连接

（3）拉板。拉板上有若干个直径大小不同的孔，以便与损伤部位通过螺丝固定在一起。拉板的另一侧有较大的孔，可以与链条上的挂钩相连接。拉板也是车身校正时常用的一种连接方式。使用拉板时，应确保螺栓紧固，如图 5 – 31 所示。

（4）拉钩。常见的有大、中、小三种规格，以满足不同部位的修理要求。拉钩的使用范围比较广泛，可对纵梁、立柱、后翼子板等部位进行拉伸，如图 5 – 32 所示。

图 5 – 31　拉板固定

图 5 – 32　使用拉钩进行修理

（5）钢丝绳。由于其具有非常好的韧性，可以弯曲，因此可以拉伸立柱、车门铰链等部位（图 5 – 33），使用不当可能导致钢板产生变形、划伤油漆，应谨慎选用。

（6）焊接临时钢钩。当其他方式不方便与损伤部位连接时，就需要在损伤部位焊接钢

钩。损伤修复后，可使用等离子切割或角磨机等设备、工具将钢钩取下。在实际的工作中，还可以自制一些小的工具，以方便与损伤部位连接，如图 5-34 所示。

图 5-33　钢丝绳连接

图 5-34　自制工具拉伸螺丝孔部位损伤

3）校正原则

车身校正时应遵循以下原则：先低后高、先进后出、先强后弱、先重后轻、先里后外等。不正确的修理顺序将会降低工作效率，甚至加重钢板损伤。

（1）先低后高。先低后高，也称为先下后上。"低"是一个统称，指的是车身底部，如前后纵梁、底板、后备厢底板等，即车身基准面。对于车架式车身而言，"低"有两个层次，首先指的是车架，车架与车身分离后，车身上述部位又成了一个新"低"。"低"是车身生产制造时其他钣金件定位、焊接的基础，是车辆修复时固定、测量、逐步修理的先决条件，如图 5-35 所示。车辆发生前后碰撞、侧向碰撞或翻滚事故时，车身底部都有可能产生变形。校正时，首先要将车身底部损伤变形恢复到位，并使用夹具固定，这样再校正车身上部变形时，底部不会再产生新的变形。如果未遵循这一原则，首先修理车身上部损伤，那么再修理车身底部变形时，上部数据会再次发生变化，很多前期工作将变得没有价值，无形中降低了工作效率。

（2）先进后出。先进后出指的是先变形的部位后修理，后变形的部位先修理。先进后出可以避免后变形的部位无法有效恢复。如车身侧面发生碰撞，导致门槛、底板出现变形损伤。这一部位由门槛外板、内板及车身底板焊接在一起。对于此类损伤，应该首先校正车身底板，使其恢复到位，然后再修理门槛，如图 5-36 所示。如果先在门槛上焊接临时焊片进行拉伸，将可能导致钢板撕裂或者连接部位焊点脱开，而底板损伤则很难有效恢复。先进后出的原则，也可以避免校正时由于力的分散而影响到实际恢复效果。这一原则适用于多数较重的损伤，但并不是绝对的。有些事故损伤程度稍轻，或者损伤部位的结构呈直线形，也可以采取先进先出的原则。

图 5-35　从底部依次向上修理车身

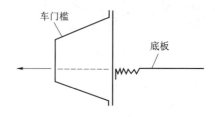

图 5-36　按先进后出原则修理

（3）先强后弱。强与弱只是相对的，并不完全是指抗拉强度。同一个结构件，各个部位材质相同，但由于结构设计不同，也会有强弱之分。校正时遵循先强后弱的原则，可以减少反复工作，也可以避免损伤加重。如车身前部纵梁损伤，如图5-37所示，应该先校正后部比较坚固的部位，再修理吸能区变形；否则，纵梁前部数据很难一次恢复到位，也可能造成纵梁弯曲部位出现二次损伤。先强后弱的原则广泛适用于车身修理，不恰当的操作很多时候会加重损伤。如车辆发生侧面碰撞事故，校正立柱时应拉伸中部加强板或用尼龙带兜住整个立柱，只拉伸表层，多数情况下会造成钢板撕裂。

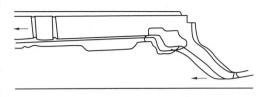

图5-37　按先强后弱原则修理

（4）先重后轻。重与轻指的是损伤程度，损伤较重的部位往往会伴随褶皱、断裂、焊点脱开等现象，如图5-38所示，褶皱部位尺寸将会缩短，如果不能通过有效措施充分展平，其内部应力将难以消除，车身数据也不会符合要求；断裂、焊点脱开部位的强度相对较低，从而形成一个薄弱区域，校正过程中，容易造成裂口长度、脱焊焊点数量增加，甚至钢板完全断裂或整块被撕开现象，将进一步加重钢板的损伤。因此，较重的损伤应该首先进行修理，然后再修理较轻的损伤。

图5-38　损伤部位出现褶皱、断裂、焊点脱开

（5）先里后外。先里后外是指由内部开始逐渐向外侧进行修理。车身内部结构相对复杂，很多部位由封闭式箱形钢板加强，不易下手，校正时相邻的钢板也会产生牵制。如果首先校正外侧，内侧损伤将很难有效恢复，校正力达到一定程度后，外侧拉伸部位的钢板将会出现撕裂、焊点脱开等现象。

 思考题

一、判断题

1. 结构件只要外形恢复到原来形状就可以继续使用。　　　　　　　　（　　　）

2. 结构件一般不能加热修复。　　　　　　　　　　　　　　　　　　（　　　）

二、选择题

1. 平台式大梁校正仪一般可以提供（　　　）。

A. 一个力　　　　　　　　　B. 两个力　　　　　　　　　C. 一个合力

2. 平台式大梁校正仪可以对车身起到（　　）作用。

A. 移动　　　　　　　　　　B. 损伤　　　　　　　　　　C. 固定

三、简答题

1. 损伤维修费用评估包括哪些？
2. 简述车身校正设备的种类及特点。
3. 简述车身校正的原则。

项目六
铝合金车身的修复

学习目标

（1）了解铝合金车身的材料特性及应用。

（2）熟悉铝制车身修复设备。

（3）掌握铝制车身修复工艺。

随着汽车技术的飞速发展，汽车制造企业在汽车的结构设计、制造技术、材料选用等方面进行了大量的研究，希望能够研发出安全可靠、节能环保的新型汽车。通常情况下，车身的自重大约会消耗70%的燃油，所以降低汽车油耗的首要问题便是如何使汽车轻量化。使汽车轻量化首先从材料轻量化入手，这样不但可以减轻车身自重、增加装备质量、降低发动机负载，同时还可以大幅减小底盘部件所受的合力，使整车的操控性、经济性更加出色。而有"轻金属"之称的铝金属，由于其质量小、耐磨、耐腐蚀、弹性好、刚度和比强度高、抗冲击性能优、加工成型好和再生性高等特点，成为使汽车轻量化的首选材料。铝合金车身汽车也因其节能低耗、安全舒适及相对载重能力强等优点而备受青睐。

现在汽车制造的一个趋势是使用铝等材料制造车身中大的覆盖件板件，来减少车辆自重，如发动机罩、车顶、车门板。车辆中像奥迪A6、标致307和欧宝维特C，它们的发动机罩采用铝合金，雷诺Laguna ii的发动机罩、车顶和车门板都使用铝合金。有许多制造厂把铝合金引入车身结构件的生产中，甚至完全用铝合金来制造整个车身，车辆中像奥迪A2、A8，捷豹的XJ，其他的厂家像宝马的5系列，铝合金用来制造车身前部的结构件和外部板件。铝合金车身如图6-1所示。

❀ 一、铝合金车身的材料特性

（一）铝的化学性能和物理性能

纯铝的化学活泼性强，与空气接触时，会在表面形成一层致密的Al_2O_3薄膜，这层氧化膜可防止硝酸及醋酸的腐蚀，但在碱类和含氯离子的盐类溶液中，这层氧化膜迅速被破坏，从而引起强烈的腐蚀。

项目六　铝合金车身的修复

图6-1　铝合金车身

（二）铝及铝合金的分类

　　纯铝的强度低，但导电性好，一般应用在家庭用品和电器中。在铝中加入硅、铜、镁、锰、锌等合金元素可以获得不同性能的合金。根据铝合金的化学成分和制造工艺，可分为延展铝和铸造铝。在延展铝中又可分为不能热处理强化和可热处理强化的铝合金。非热处理强化铝合金通过加工硬化、固溶强化来提高力学性能，主要有铝锰合金和铝镁合金等。它们的特点是强度中等、塑性及耐蚀性好，焊接性能也好。热处理强化铝合金包括硬铝、超硬铝、锻铝，经固溶、淬火、时效等工艺提高力学性能，经热处理后抗拉强度显著提高，但往往焊接性能变差，特别是熔化焊时产生焊接热裂纹的倾向性加大，焊接接头的力学性能下降严重。

　　铝合金的分类及特性如表6-1所示。

表6-1　铝合金的分类及特性

铝合金的种类	特性
纯铝（1000系列）	纯度99%以上的铝质材料，导电性佳但强度差，适用于家庭用品和电器等
铝铜合金（2000系列）	一般称为杜拉铝，此种铝合金强度像钢一样，但焊接性能较差，适用于飞机的机身
铝锰合金（3000系列）	此种铝合金改善铝的强度，适用于建材和烹饪器具
铝硅合金（4000系列）	此种合金加入硅，所以抗磨损性能佳。此种合金还含有铜、锰或镍，所以耐热性佳，为锻造汽车活塞所使用的材料
铝镁合金（5000系列）	在所有非热处理铝合金中，此种合金强度高，且焊接性能及耐腐蚀性都很好，适用于建材、船舶和汽车用熔接构材
铝硅镁合金（6000系列）	此种合金强度高、耐腐蚀性佳且具有抗压性，适用于建材中窗框和汽车抗挤压件
铝锌镁合金（7000系列）	此种合金在所有铝合金中强度最强，适用于汽车或机车的车架或保险杠加强梁

（三）铝合金在车身中的应用

当车身制造中全部使用铝时，依照它们在车身中的功能要求，可分为铸造件、冲压件和压铸件。

铝铸件被制造成能够承载大载荷的部件，明显减小了质量，同时还具有较高的强度。这些板件具有复杂的几何形状，通常采用真空压铸的方式，使它具有高强度。它还具有较高的延展性，良好的焊接性能，较高的塑性，以保证在碰撞时有很高的安全性。

这些铸件的铝合金的类型是 5000 或 6000 系列铝合金，其中的主要合金元素是镁，硅可被加入 6000 系列，或加入铜或镁。

这些挤压件主要用在碰撞变形吸能区域，其作用是在碰撞变形中吸收碰撞能量，如图 6 - 2 所示。

图 6 - 2　铝合金件碰撞吸振图例

铝合金中主要合金元素是硅，还有少量的镁，主要含硅镁合金的通常属于 4000 ~ 6000 系列铝合金，这些部件一般应用在碰撞吸能区域，除了能够承载正常的载荷外，主要在碰撞中吸收能量，一般制造横梁、保险杠加强梁等。

冲压件有较高的强度，能够加强车身的强度和刚性，使车身在剧烈的碰撞中保持结构的完整性。

像宝马 5 系列的前围前罩板，是用 5000 系列铝镁合金制造的，如图 6 - 3 所示。

板件必须具有较高的质量和表面强度，它们通常采用 5000 系列铝合金，多用来制造外部板件，合金中主要有铝、镁和硅，或者铝和镁。

（四）铝合金在车身制造中的优点

在新型的车身中铝合金有许多优点和特性，虽然这些特性不一定是好的方面，但其性能超过传统的钢铁车身。其优点不仅在于能够减小车身质量，更重要的是减

图 6 - 3　宝马 5 系列的前围前罩板

少燃油消耗，改善车辆的操纵性。

另外一个铝车身优于其他钢铁车身的原因是它的环保性能，前面已经提到可以减少燃油的消耗，也可以减少在生产过程中污染物的排放，因为99%的铝可以被循环利用，这在一定程度上能够补偿从铝矿石冶炼铝产生的成本较高的消耗。

铝的在车身中的比例大约是钢铁的1/3，在车身制造中铝的应用可以使车辆减小20%～30%质量，可以减少10%的燃油消耗，这意味着每百公里节省0.5 L燃油。

铝合金循环利用率高，可以补偿冶炼的高能源消耗，由于可以重复利用，再循环的成本很低。

铝是一种惰性材料，这种说法也许不准确，但铝金属暴露在空气中很快在表面形成一层致密的氧化物，这层氧化物是Al_2O_3，使金属铝和空气隔绝开来，保护氧气的进一步腐蚀。正是这种可以迅速形成铝氧化物以抵抗外部氧化腐蚀的性能，使它成为一种防腐性能优良的材料。

铝金属外层的氧化铝有以下特点：

当铝金属暴露在空气中时，会直接与空气中的氧发生反应形成一层薄的致密的氧化铝薄膜，阻隔了进一步的氧化，使铝具有较好的被动防护性。这层氧化物的熔点高达2 050 ℃，在焊接操作时需要去除这层氧化物，如果不去除这层氧化物，焊缝会存在气孔和杂质等缺陷。

铝具有良好的刚性，一定厚度的板材应用在车身上，可以制造整车和部分板件。

铝材的一致性要比钢材好，它能够很好地加工成型，通过冲压或挤压，消耗比较低的能量花费。

铝材具有较高的能量吸收性能，使其成为一种制造车身变形区的理想材料，以提高车身的被动安全性。

铝具有对紫外线的不透光性，对水和气体的不渗透性，没有气味且无毒，是一种无污染的材料，同时还是一种可循环的环保材料。

✦ 二、铝质车身修复硬件

1. 铝车身专用气体保护焊机和外形修复机

由于铝的熔点低、易变形，焊接要求电流低，所以必须采用专用的铝车身气体保护焊机。也不能像普通的外形修复机一样进行局部拉伸，而只能采用专用的铝车身外形修复机焊接介子钉，使用介子钉拉伸器进行拉伸。铝合金车身专用气体保护焊机、整形机如图6-4所示。

2. 专用的铝车身维修工具、强力铆钉枪

与传统事故车维修不同的是，铝车身大部分采用铆接的维修方法，这就要求必须有强力铆钉枪。而且修复铝车身的工具一定要专用，不能与修复铁材质车的工具混用。因为修复完铁材质车工具上会留有铁屑，如再用来修复铝车身，铁屑会嵌入铝表面，对铝造成腐蚀。铝合金专用维修工具、强力铆钉枪如图6-5所示。

图 6 - 4　铝合金车身专用气体保护焊机、整形机

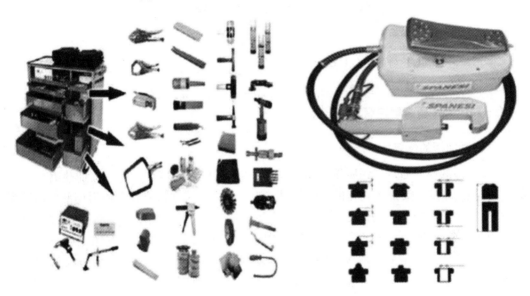

图 6 - 5　铝合金专用维修工具、强力铆钉枪

3. 防爆集尘吸尘系统

在打磨铝车身过程中，会产生很多铝粉，铝粉不但对人体有害，而且易燃易爆，所以要有防爆炸的集尘吸尘系统及时吸收铝粉。

4. 带定位夹具的大梁校正仪

铝车身修复常使用换件修理，维修过程中需要粘接、铆接和焊接，首先需要对部件进行定位。如果没有定位，车身技术尺寸很难保证准确。

5. 独立的维修空间

由于铝车身修复工艺要求严格，为保证汽车维修质量和维修操作安全，避免铝粉对车间的污染和爆炸，要设立单独的铝车身维修工位，如图 6 - 6 所示。对铝车身的维修人员要进行专业的培训，使其掌握维修铝车身的工艺，例如如何定位拉伸、焊接、铆接、粘接等。

图 6 - 6　铝车身专用校正平台及吸尘系统

❀ 三、铝质车身修复工艺

（一）铝制车身修复注意事项

1. 铝质面板的修复

铝质板件的厚度通常是钢质板件厚度的 1.5 ~ 2.0 倍，其熔点较低，在加热时极易发生变形。碰撞变形后，受加工硬化的影响很难二次成型，如果强行修复会使损伤部位出现裂纹甚至发生断裂。所以，当铝材受到一定程度的损伤后，应对受损部件进行分体或总成更换（生产厂家不建议修复）。在进行铝质结构件更换时，连接处一般很少采用钢质车身修复所采用的焊接方法，而是采用粘接或粘接、铆接共用的方法。由于更换铝质板材的费用比较高，维修技师对一些轻微损伤的面板会采取某些方法进行修复。不过，修复工作应在充分了解铝材特性的基础上，小心谨慎地进行。

2. 锤击变形注意事项

由于铝材的可延展性较强，在受到碰撞后，很难恢复到原来的形状和尺寸。维修技师修复时可使用木锤或橡胶锤进行碾锤错位敲击，以减少铝材的延伸。如必须采取碾锤正位敲击，应采用多次轻敲，否则会加重铝材的损伤程度。铝板修复前，首先区分其变形的类型。对隆起部位使用木锤或橡胶锤进行弹性敲击，以释放撞击产生的应力，这样可减小坚硬折损处弯曲的可能性。凹陷部位修复时不要使其每次升起得太多，应避免拉伸铝材。在铝质面板修复时，也可使用铝整形机对损伤部位进行校整，在修复到位后使用专用工具将介子焊螺杆齐根剪下，打磨平整即可。对于钢车身来说，当面板和内层结构同时发生变形时，可以采取内外层分离，分别修整后折边咬合的修复方法。但对于铝质面板，就不能使用这种方法了。如果采用这种方法修复铝质面板，折边部位会由于铝的韧性较差而出现裂纹或断裂。

3. 铝板加热

在进行铝板校正前，应对铝板进行适度的加热，这与传统的钢板修复有着明显的区别。

校正钢板一般应尽量避免加热，以免降低钢板的强度，而在修复铝板时，必须利用加热的方法增加铝板的可塑性。如果不加热，施加校正力会引起铝板开裂。但由于铝熔点较低（660 ℃），如加热过量会造成铝材变形或熔化。所以，在对铝板进行加热前，应使用120 ℃的热敏涂料或热敏"笔"在损伤部位周围画一个半径20～30 mm的环状标志。这样，在加热过程中可以通过颜色的变化对温度进行实时监控。

4. 当铝质面板发生延伸时，可采取热收缩的方法进行处理

操作时应缓慢冷却收缩部位，不可使其急速降温，从而避免过度的收缩造成板材变形。另外，铝板修复时禁止使用钢质车身修理时所使用的收缩锤或收缩垫铁，以免造成损伤部位开裂。

（二）铝车身焊接

由于铝合金所具有的独特的物理化学性能，在焊接过程中会产生一系列的困难和特点。在对铝材进行焊接操作时，必须考虑它的特殊性能。

（1）铝具有强氧化能力，铝与氧的亲和力很大，在空气中极易与氧结合生成致密结实的 Al_2O_3 薄膜，厚度约0.1 mm，Al_2O_3 的熔点高达2 050 ℃，远远超过铝合金的熔点，而且密度大，约为铝的1.4倍。在焊接过程中，Al_2O_3 薄膜会阻碍金属之间的良好结合，并易造成夹渣，而且氧化膜还会吸附水分，焊接时会造成焊缝有气孔。因此为了保证焊接质量，铝外层的氧化铝层在焊接操作时必须去除，并且防止在焊接过程中再次氧化。

（2）铝具有较高的导热系数和比热容，约比钢大一倍，在焊接过程中大量的热能被迅速传导到基体金属内部，因此焊接铝合金比焊接钢要消耗更多的热量。为获得高质量的焊接接头，必须采用能量集中、功率更大的热源。

（3）铝的热裂纹倾向性大。铝合金的热膨胀系数约为钢的2倍，凝固时体积收缩率达6.5%，因此在焊接某些铝合金时，往往由于过大的内应力而在脆性温度区间产生热裂纹，这是铝合金尤其是高强度铝合金焊接时最常见的缺陷之一。为避免外部缺陷或变形，焊接时要注意加热和冷却的速度不能过高，在焊接较厚或较大的件时，要对板件进行预热和控制冷却，焊接后在板件上覆盖一层防火毯使冷却速度降低。

有些时候，铝合金焊缝的应力很大，会变脆，为防止这种情况，需要用锤对焊缝进行锤击，以消除内应力，增加焊缝的强度。

（4）容易产生气孔。焊接接头中的气孔是铝合金焊接时易产生的另一个常见缺陷，氢是熔焊时产生气孔的主要原因。铝合金的液体熔池很容易吸收气体，高温下溶入大量的气体，在焊后冷却凝固的过程中来不及析出，而聚集在焊缝中形成气孔。焊接材料及母材表面氧化膜吸附的水分都是焊缝气体中氢的主要来源，因此焊接前必须严格清理，并且合理选择焊接工艺防止气孔的产生。

（5）无色泽变化。铝在加热时颜色不会发生变化，加热时要使用温度指示，以防止铝材受到过高的温度而产生变形。为防止变形，必须避免过热，在焊接长焊缝时，应采用分段焊接防止过热。在车身铝合金的焊接中，不采用电阻点焊操作，铝的电阻大约是铁的1/5，在使用电阻点焊时为了能够达到合适的电阻热，焊接电流要达到30 000 A，一般情况下这么高的电流很难达到，它需要很高的能量输出。在生产和修理中用铆接来替代，一般情况下在修理中

用铝惰性气体保护焊设备来焊接。

（三）板件的更换

铝质车身板件受到撞击无法恢复时，应采取局部或整体更换的方法进行修复。特别是铝质板材因为硬化而使损伤部位出现裂纹或断裂现象时，就更应该使用此方法。铝质板件的更换是铝质车身修复时较为常用的一种方法。

分离铝质板件时，可使用切割锯、切割砂轮、錾子等工具，与钢质车身的板件分离没有太大区别，但乙炔－氧气切割在铝质板件分离时禁止使用。另外，由于铝质车身的铆钉通常是由高强度特殊合金材料（如硼钢）制成的，所以铆钉是无法采取传统钻除方法去除的。正确的方法是，在铆钉顶部使用专用焊机焊接介子销钉（不可重复使用），然后用专门的拉拔工具将铆钉拔出。介子销钉焊接前，应对铆钉顶部的漆面进行打磨，在拉拔时，专用工具应与铆钉呈垂直状态。

传统的车身通常使用机械紧固和焊接两种连接方法，而铝质车身的构件大部分是通过粘接或粘接、铆接共用的方式连接在一起的。所以，更换铝质板件应严格按照厂家的技术要求，选用原厂提供的零部件或总成，正确选择切接位置和连接方式。我们知道，在进行钢质车身修复时，常用的连接方式可分为平接、插入件平接和搭接三种方式。在更换铝质板件时，这三种方式依然适用。不过只有少数的厂家允许采用平接（焊接）方式，笔者在此不作过多介绍。铝质板件更多的是采用插入件平接和搭接。进行插入件平接时（如纵梁的梁头、下边梁、门立柱），一般也可分为两种方法。一种是板件分离后，将插入件（厂家提供或自制）轻轻敲入，对更换部件精确定位后，在切割线的两侧钻出与铆钉匹配的孔，然后将插入件取出，在去除毛刺、清洁、除潮湿等准备工作后，使用特制胶枪在外侧均匀涂抹专用胶粘剂，再次将插入件放入，测量无误后按照已经打好的孔，使用专用铆钉进行拉铆即可。另一种方法是在准备切割的直线上间隔钻出铆钉的备用孔，然后沿此直线进行切割分离。将插入件放入并与所要更换板件定位，在已经钻好孔的位置进行重新钻孔，将插入件取出，做好所有的准备工作后打胶，再次将插入件放入，定位后拉铆即可。在采用搭接方式更换板件时，除常规的方法外，有时为获得足够的强度和满意的视觉效果，特别是一些不适合采用插入件平接的部位，可采用厂家提供并做好预先处理的零部件进行搭接。这种方式在一些比较直观的部位使用较多，如车身的后翼子板等处。

相对于钢质车身修复，铝质车身板件更换的定位工作更为重要。铝质车身粘接部位的胶粘剂需要较长的固化时间（25 ℃时需要 36 h）。如果在固化后车身尺寸发生了位移或变动，那可以说是灾难性的。所以，测量后必须使用定位夹或通用夹具对更换部件进行定位。在铝质车身修复时，还有很多注意事项，如铝质车身上的一些特殊颜色的螺栓拆卸后应按照厂家的要求进行更换，绝不可重复使用。在进行板件更换时，还应对胶粘剂和各种专用工具的性能、注意事项和使用方法做全面的了解。

一、判断题

1. 铝车身修复容易发生二次破坏，主要是因为其熔点低，脆性大。 （　　）

2. 氧化铝往往是造成修复过程二次破坏的罪魁祸首。 　　　　　　　　 （　　）

3. 铝车身修复中可以和钢车身互用钣金锤。 　　　　　　　　　　　 （　　）

二、选择题

1. 铝车身修复中所种植的介子钉取下的方法一般是 （　　　）。

A. 直接拉拽　　　　　　　B. 用手拧下　　　　　　　C. 用斜口钳剪掉

2. 铝车身修复中加热的温度一般为 （　　　）。

A. 50 ~ 100 ℃　　　　　　B. 100 ~ 150 ℃　　　　　　C. 150 ~ 200 ℃

三、简答题

1. 简述铝制车身材料的特征。

2. 简述铝制车身修复设备及特点。

3. 简述铝制车身板件更换原则。

4. 简述铝车身修复的工艺流程。

情境三

涂装模块

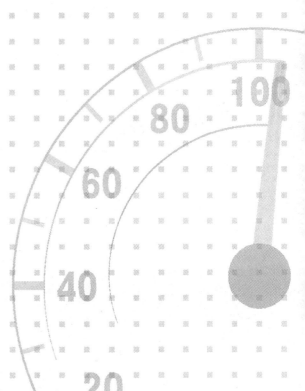

项目七

涂装设施设备

学习目标

（1）掌握喷枪的结构及工作原理并能正确地进行喷枪调整。

（2）能够正确地进行喷枪的日常维护。

（3）能够对喷枪的常见故障进行诊断与排除。

（4）掌握待喷涂表面遮蔽的方法及注意事项。

（5）能够进行整板涂装及整车涂装的遮蔽以及局部涂装的遮蔽。

在事故车的售后维修涂装中往往采用喷枪进行板件的喷涂，所以对喷枪的正确使用及维护是车身修复涂装工艺中必须掌握的技能。在准备涂装过程中，车身的遮蔽是很重要的一步，不需要涂装的表面一定要遮蔽好，否则会引起不必要的麻烦。本章节针对喷枪和喷涂遮盖进行相关讲述。

✳ 一、喷枪

1. 喷枪

1）定义

喷枪是汽车车身修补涂装的关键设备，它将涂料（油漆）均匀地喷涂在车身表面，得到良好的防腐与涂装效果。利用压缩空气对进入喷枪的涂料进行雾化并对车身表面涂敷（简称空气喷射）是车身表面装饰最重要的工艺之一。

2）工作原理

喷枪的工作原理是以压缩空气的气流为动力，使涂料从喷枪的喷嘴中喷出，形成漆雾，并涂抹到工件表面。

3）分类

喷枪按供料方式可分为三类，即吸力式、重力式和压送式。

（1）吸力式喷枪。它是使用最普遍的一种，油漆置于罐内，扣动扳机即可使高压空气冲进喷枪，气流经过气帽开口时形成局部真空，从而使罐内油漆吸住已开启的针阀，形成雾状喷射流，如图 7-1（a）所示。

（2）重力式喷枪。它利用油漆自身重力流入喷嘴进行雾化喷射，这种喷枪适用于较稠

涂料（如车身填料）的喷涂，如图7-1（b）所示。

（3）压送式喷枪。它利用压缩空气进入油漆罐中，推动油漆从细管进入喷嘴进行喷涂，如图7-1（c）所示。

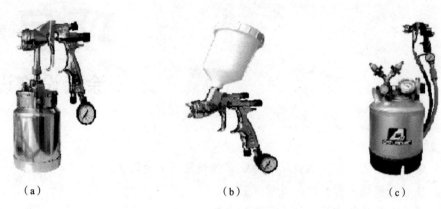

（a）   （b）   （c）

图7-1　喷枪的种类

（a）吸力式喷枪；（b）重力式喷枪；（c）压送式喷枪

4）结构及作用

典型喷枪的主要零件包括气帽、喷嘴、针阀、扳机、气流控制钮、气阀、扇形调节钮（模式控制钮）和手柄。

（1）吐出量调整旋钮。能调整涂料吐出量的大小，松开旋钮则涂料吐出较多，拧紧旋钮则涂料吐出变少，全部拧紧则喷出空气而不喷出涂料。

（2）喷幅调整旋钮。能调整喷幅的大小，松开旋钮喷幅呈大椭圆形，全部拧紧呈小圆形。可根据喷涂面积的不同进行调整。

（3）气压调整旋钮。能调整气压的流量，松开旋钮气压变大，拧紧旋钮则变小，全部拧紧则空气不能流出。小面积喷涂时，可用旋钮调节气压；大面积喷涂（车身门板1块以上）时，将气压调整旋钮全部打开，用气压表进行调节。

（4）涂料喷嘴。喷枪的喷嘴通常由针阀、涂料喷嘴、空气盖三部分组成。如果接触针阀的前端，则涂料不能喷出；如果针阀和涂料喷嘴变形，在使用重力式喷枪时涂料会流出不止。

（5）空气盖。压缩空气从空气盖中喷出，涂料呈细微的雾状。空气盖上有多个小孔，分别有不同的作用，如图7-2所示。

① 中心孔：涂料喷嘴前端产生负压（真空状态）将涂料引出，涂料呈很细的雾状。

② 辅助孔：将从中心孔引出的雾状涂料更加微粒化。在修补涂装中，辅助孔的使用多为2~4个。

③ 侧面孔：可变换喷幅的形状。

5）喷枪的供料方式及优缺点

喷枪的供料方式及优缺点如表7-1所示。

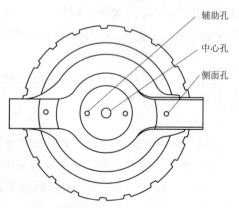

辅助孔
中心孔
侧面孔

图7-2　空气盖

表 7 -1 喷枪的供料方式及优缺点

种类	重力式（质量式）	吸力式（抽式）	压送式
供料方式	涂料杯在喷嘴上面，利用涂料的重力及喷嘴尖端部由气流产生的压力差，把涂料喷涂于物体表面	涂料杯在喷枪下面，利用喷嘴部分由气流产生的压力差，把涂料喷涂于物体表面	用压送槽或泵将涂料加压供应
优点	1. 涂料的黏度变化几乎不会影响喷出量的变化； 2. 涂料杯的位置可自由操作，作业容易	1. 喷涂时稳定性能良好； 2. 调换涂料容易	1. 使用涂料容量大，适合连续涂装； 2. 可调节涂料喷出量的范围； 3. 仰面、平面、侧面等任何涂装面均可操作，简易可行
缺点	1. 喷涂时稳定性不良； 2. 一般储存涂料罐在 500 mL 以内，如大面积涂装时装料次数增加	1. 涂料的黏度变化对涂料的喷出量影响较大； 2. 储存涂料罐限定在 1 200 mL 以内	1. 设备增加； 2. 喷涂结束后清洗麻烦，清洗需用稀释剂 3. 不适合小规模的涂装； 4. 因有两条管子连接，喷涂时不方便

6）重力式空气喷枪的调整与使用

（1）喷枪的调整。

① 出漆量的调整。通过调节针阀的移动来调节涂料喷出量，松开或拧紧调节螺钉以增加或减少喷出量，如图 7 -3 所示。

② 扇幅的调整。松开螺钉喷雾为椭圆形，拧紧螺钉则喷雾为圆形，如图 7 -4 所示。

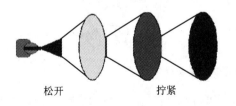

松开　　　　　拧紧

图 7 -3　出漆量的调整

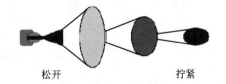

松开　　　　　拧紧

图 7 -4　扇幅的调整

③ 气压的调整。松开和拧紧调节螺钉可以增加或减少空气压力，如图 7 -5 所示。

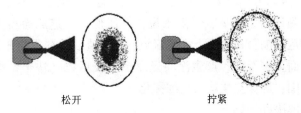

松开　　　　　　拧紧

图 7 -5　气压的调整

项目七　涂装设施设备

（2）喷枪的使用。

① 握喷枪的技巧。为了持续稳定喷涂而不产生疲惫感，必须保持一个放松的姿态，肘关节、肩膀和手臂不要紧张，以图7-6所示的姿势握住喷枪。

图7-6　握喷枪的技巧

② 喷涂操作要点。

a. 喷涂角度（喷枪与工件表面的角度）为90°，如图7-7和图7-8所示。

图7-7　正确的喷枪移动喷涂角度

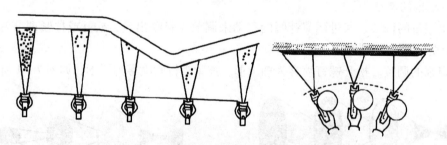

图7-8　错误的喷枪移动喷涂角度

b. 喷涂距离（喷枪嘴与工件表面的距离）一般为15～20 cm，具体请参考涂料供应商工艺要求。

c. 喷枪的移动速度：以30～60 cm/s的速度匀速移动。

d. 喷涂压力：一般调节气压为2.0～2.5 Pa，或通过试喷进行确定。

喷涂前对喷雾的测试非常重要，一般来说，气压低，易造成涂料雾化不足，飞漆颗粒粗，则上漆率高，易造成涂膜在物面上产生流痕；气压高，涂料雾化充分，飞漆颗粒细，则上漆率低，易造成涂面不够湿润，产生涂膜光泽不足或粗粒（快干型涂料较明显）。因此，气压要调节在适当范围，确保雾化均匀且细雾化。

喷雾流的判断及解决办法如下：

i. 流痕长度基本一致（图7-9（a）），说明喷雾流是均匀的。

ii. 流痕两边长中间短（图7-9（b）），一为喷幅开启太大，应调节幅度针调节螺钉；二为气压太高，应降低气压。反复调整这两项，直至喷雾流均匀。

iii. 流痕中间长两边短（图7-9（c）），说明涂料流量大、气压低，应调节针阀调节螺钉，减少涂料流量及适当提高气压，反复调整，直至喷雾流均匀。

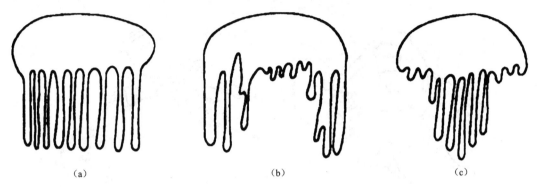

（a）　　　　　　　　　（b）　　　　　　　　　（c）

图7-9　测试喷雾流

（a）合适的喷涂图形；（b）分离的喷涂图形；（c）中间过重的喷涂图形

e. 喷雾图形重叠：为了使喷涂均匀，喷雾图形的厚度也必须一致，重叠量为喷涂图形的 1/2 ~ 2/3。

（3）喷枪的清洁。

① 清除涂料杯内残留的涂料，然后拉动扳机，清除留在喷枪内的涂料，如图7-10所示。

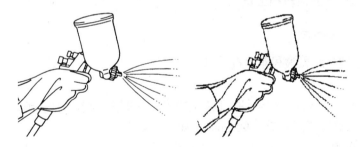

图7-10　清除残留涂料，清洗枪体

② 在涂料杯中加入稀释剂，喷几次稀释剂。

③ 在气罩前遮一块擦拭布，拉动扳机，用喷枪的压缩空气逆向冲洗喷枪，如图7-11所示。

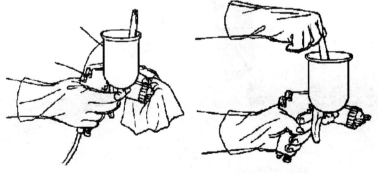

图7-11　反洗枪体，清洗量杯

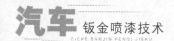

④ 用鬃刷清洁涂料杯。

⑤ 重复步骤②、③和④数次，直至喷出的稀释剂中不含有任何涂料，然后用鬃刷清洁喷枪。

⑥ 摘掉气盖，用鬃刷清洁涂料喷嘴，如图7-12所示。

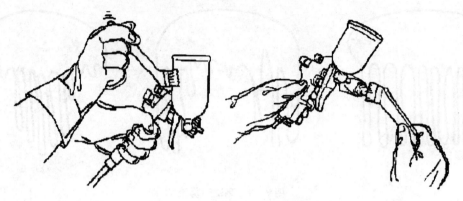

图7-12　清洗枪身，拆洗喷嘴

✳ 二、遮蔽

（一）遮盖所需要的材料和工具

1. 遮盖材料及其选用

1）遮盖纸、塑料遮盖膜和遮盖覆盖罩

（1）遮盖纸。

汽车用遮盖纸具有较高的耐热性、良好的抗湿性和防溶剂渗透性，遮盖效果好。遮盖纸有不同的宽度，其宽度范围为76～900 mm，如图7-13所示。

（2）塑料遮盖膜。

塑料遮盖膜是很薄的乙烯材料，其宽度一般比遮盖纸宽，如图7-14所示。因此，它特别适用于盖在工作表面周围大的表面上，以防止飞漆外逸。

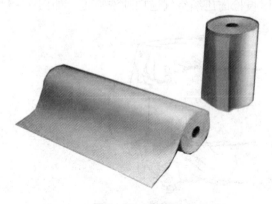

图7-13　遮盖纸

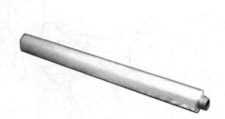

图7-14　塑料遮盖膜

（3）遮盖覆盖罩。

遮盖覆盖罩用于罩住整部汽车或汽车的某个部件，而仅暴露需要涂装的部分。这些覆盖罩可以反复使用。

2）遮盖胶带

汽车用的遮盖胶带必须能抗热和抗溶剂，而且其黏合胶应该在剥落以后不会粘在车身表面上。遮盖胶带有普通遮盖胶带和缝隙胶带两种。

（1）普通遮盖胶带。普通遮盖胶带有用于空气干燥涂料的胶带、用于强制干燥涂料的胶带和用于烤漆的胶带。按底材的不同，常用的有纸质胶带和塑料质胶带。胶带的宽度范围为6~50 mm，宽的胶带不易操作，应尽量少用；细小的弯曲面使用窄胶带。

（2）缝隙胶带。缝隙胶带是一种遮盖材料，用来遮盖钣金件之间的缝隙，以防止飞漆进入车身内部。缝隙胶带用聚氨酯泡沫体加入黏合胶制成，简化了有缝隙区域的遮盖。由于缝隙胶带呈圆柱形，因此可以防止喷涂台阶。

图7-15　遮盖胶带

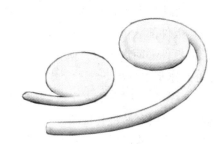

图7-16　缝隙胶带

3）遮盖材料的选用

遮盖纸和遮盖胶带通常按照下面的要求进行选择：

（1）遮盖汽车风窗玻璃时，应使用两层380 mm或457 mm的遮盖纸。

（2）遮盖汽车侧窗时，应选用宽300 mm或380 mm的遮盖纸。

（3）遮盖各种形状和宽度的网栅、保险杠时，需要使用不同宽度的遮盖纸，最常用的宽度是152 mm、228 mm、300 mm和380 mm。

（4）遮盖车门侧柱的周围时，应使用宽152 mm的自带黏性的遮盖纸。

（5）遮盖外反光镜可以使用宽50 mm或152 mm的遮盖纸。

（6）遮盖尾灯时，应使用宽152 mm或228 mm的遮盖纸。

（7）遮盖汽车天线时，一般选用宽76 mm的自带黏性的遮盖纸。

（8）为保护车轮，可用两块宽457 mm的遮盖纸将其包好。

（9）为保护行李厢的内侧，需使用2~3块宽度为900 mm的遮盖纸。

（10）遮盖车门把手时，可以使用宽19 mm的遮盖胶带。

（11）遮盖镀铬件时，选用宽19 mm或者更宽的遮盖胶带。

（12）遮盖文字或标记时，应使用宽3 mm或6 mm的遮盖胶带。

2. 遮盖所需要的设备和工具

遮盖时所需要的设备和工具有遮盖纸供应机（图7-18）和美工刀。

（1）遮盖纸供应机。遮盖纸供应机能提供适量的遮盖纸，同时还可以将遮盖胶带黏附在遮盖纸上，极大地提高遮盖的工作效率。

（2）美工刀。美工刀用来分割遮盖胶带，切除遮盖胶带边界不平滑的部分，在实际遮盖工作中非常实用。

（二）喷涂前遮盖的方法

1. 遮盖边界的选择和遮盖操作基本方法

1）遮盖边界的选择

图7-17　遮盖纸供应机

遮盖边界的选择一般应遵循以下几个原则：

（1）若是板件重涂，应选择板件边缘缝隙作为遮盖边界。

（2）若板件之间（填充了车身封闭剂）没有缝隙，可以将车身密封剂处作为遮盖边界，但此处必须采用反向遮盖的方法。

（3）若是板件部分重涂，则将板件特征线作为遮盖边界，遮盖边界处采用反向遮盖。

（4）若是板件平面点重涂，遮盖边界必须通过反向遮盖限定在需重涂的板件平面内。

2）遮盖操作基本方法

进行遮盖操作时，应一手固定遮盖胶带，另一手拉紧并撕下胶带。扯断胶带时，拇指应迅速向上撕，可以很容易将其扯断。

例如，风窗玻璃的遮盖如图7-18所示，用两条宽各约500 mm和200 mm的遮盖纸（在搭接处上、下两层交叠在一起）遮盖住风窗玻璃，周边和上、下两层搭接处用遮盖胶带粘牢。

2. 遮盖方法

1）施涂中涂底漆时的遮盖

施涂中涂底漆时的遮盖通常使用反向遮盖法（图7-19），以防止产生喷涂台阶。

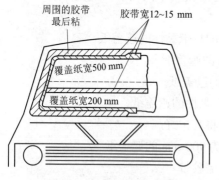

图7-18　风窗玻璃的遮盖

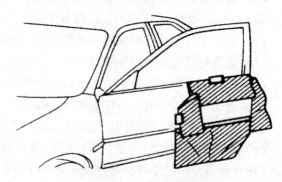

图7-19　反向遮盖法

2）块重涂时的遮盖

块重涂的遮盖必须单独进行。如果板件有孔口或板件边缘有缝隙，必须进行遮盖。如果覆盖孔口有困难，也可以从里面遮盖孔口，从而防止飞漆粘到内部部件上。

3）点重涂的遮盖

当重涂没有边界的板件时，必须用反向遮盖法加以遮盖。

翼子板尾端的重涂一般采用点重涂的方法。由于点重涂的涂装面积小于块重涂，仅遮盖翼子板尾端周围非喷涂区域就足够了，如图7－20所示。

3. 喷涂前遮盖的注意事项

（1）使用任何遮盖材料都必须彻底清洁车身表面，吹净车身上的所有灰尘。特别脏的部位要彻底清洗，然后用除油剂清洁要遮盖的表面，如图7－21所示。

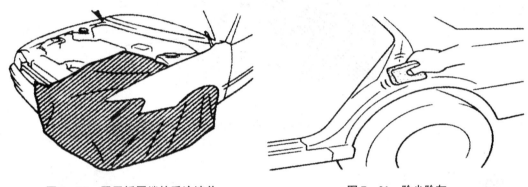

图7－20　翼子板尾端的重涂遮盖　　　　图7－21　除尘除灰

（2）如果喷涂车间又冷又湿，几乎没有空气流动，遮盖胶带可能无法粘紧玻璃或镀铬件。

（3）胶带通常无法粘到车门和车顶活动天窗的橡胶密封条上。要想遮盖住橡胶密封条，可以先用抹布涂抹一层透明清漆稀释剂，等完全干燥后，再使用遮盖胶带。遮盖门侧柱的时候，一定要遮盖好门锁和插销等部位。

（4）遇到曲面时，可将遮盖胶带的内侧边缘重叠，以适应贴紧曲面的需要，如图7－22所示；或在接近转角的地方将胶带贴得稍松一点，若贴得太紧，胶带就会在转角周围缩进去，从而暴露需要隐匿的面积。

（5）遮盖纸对于涂料中所含有的溶剂的抵抗力不强，在涂料容易积聚的地方（如板件边缘、特征线上或需涂较厚涂料的区域），要贴双层遮盖胶带和遮盖纸，以防止涂料渗入遮盖材料，如图7－23所示。

图7－22　曲面的遮盖

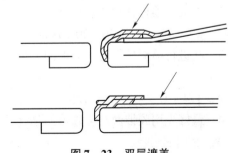

图7－23　双层遮盖

（6）全部遮盖完成后，应仔细检查遮盖是否有过度或不足的部位。

（7）一般来说，遮盖材料应在抛光后予以剥除，如图7－24所示。但是，沿边界的遮盖胶带应在涂装后，趁涂层还没有干之前小心地取走。因为一旦涂层变干、变脆，胶带便不会均匀地分离，从而影响涂装效果。

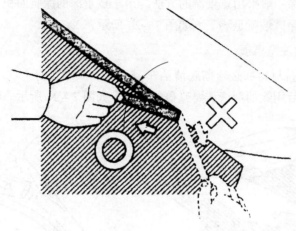

图 7-24 去除遮盖

 思考题

一、判断题

1. 使用喷枪进行喷涂前应调整喷枪的气压、流量和扇面宽度。 （ ）
2. 喷枪使用完毕后不需要进行清洗。 （ ）
3. 喷枪的口径并不因所喷涂料的类型而改变。 （ ）
4. 使用环保型喷枪能够显著减少涂料用量。 （ ）
5. 在进行喷涂操作过程中不必关注喷枪与工件的距离。 （ ）

二、选择题

1. 下列在喷涂操作时不需要经常调整的是（ ）。
A. 针阀 B. 压缩空气进气阀
C. 雾形控制阀 D. 漆流量控制阀

2. 标准的喷枪移动速度是（ ）。
A. 10 cm/s B. 20 cm/s C. 30 cm/s D. 40 cm/s

3. 在进行喷涂操作时，雾形的上半部与第一次喷涂的下半部重叠，一般重叠的幅度为（ ）。
A. 1/4 ~ 1/3 B. 1/3 ~ 1/2 C. 1/2 ~ 1 D. 1/5 ~ 1/4

4. 最好先用胶带做定位遮盖的是（ ）。
A. 车门洞 B. 保险杠
C. 风窗玻璃 D. 局部喷涂部位

5. 小的垂直扇面适合于喷涂（ ）。
A. 小圆柱 B. 大型垂直板件 C. 大型平面板件 D. 构件的边缘

三、简答题

1. 喷涂清漆时为什么不能用报纸遮盖？
2. 局部涂装时为什么采用反向遮盖？
3. 喷枪气帽上都有哪几类孔？各起什么作用？
4. 喷枪的清洗维护方法有哪些？
5. 正确的扣扳机的步骤是什么？

项目八

中涂层工艺

（1）理解中涂底漆的作用及类型。

（2）掌握中涂底漆的使用方法。

（3）能够正确将涂料罐装于涂料搅拌架子上。

（4）能够利用电子秤、调漆比例尺及黏度计等调制涂料。

底漆即底涂层用漆，一般直接涂敷于施工物体表面或涂于原子灰表面。它可以防止金属表面的氧化腐蚀，也可以增强金属表面与原子灰、原子灰与面漆之间的附着力。合适的底漆是面漆耐久、美观的前提，如果底漆不好，面漆的外观就会受影响，甚至会出现裂纹或剥落。

一、中涂底漆概述

1. 中涂底漆的作用

中涂底漆是底漆层与面漆层之间的涂层，也称为"二道底漆"，俗称"二道浆"。它的作用主要是增加面漆层与下面涂层的附着力和防腐蚀性，填充微小的划痕、小坑等，提高漆面平整度。它作为被涂表面与涂层之间的媒介层，使两者牢固结合。中涂底漆同时具有底漆和末道底漆的特性。

2. 中涂底漆的特性

（1）与底漆、原子灰旧涂层及面漆层有良好的配套性，例如它同时为底漆层和面漆层提供良好的附着力。

（2）干燥后涂层硬度适中，有良好的打磨性和耐水性，湿磨后表面平整光滑，无起皱、脱皮等，局部喷涂边缘平滑性好，无接口痕迹。

（3）有良好的填充性能，经打磨后能消除底材上的轻微划痕、砂痕、小孔等。

（4）有良好的隔离性能，防止底漆层、原子灰旧涂层不良物质向面涂层渗出而污染漆膜表面，破坏面涂层的装饰性和阻止面涂层的溶剂渗透到底漆层、原子灰旧涂层。

（5）能提供给面漆一个吸附性一致的涂面，同时由于其本身具有良好的防渗透性，可以提高面漆的光泽度，因此可以极大地提高面漆的装饰性。

（6）中涂底漆具有良好的施工性能，如温度适应性、干燥迅速、施工容易等。

3．中涂底漆的类型及性质

底漆的种类繁多，针对不同的底材要选用适当的底漆，如汽车上的材质除钢铁外，还有镀锌板及塑料等，正确选择合适的底漆是非常关键的。它不仅可以降低成本、方便施工，而且可以延长漆膜耐久性，充分发挥漆膜作用，达到汽车涂装的质量要求。

根据组分，可分为单组分和双组分；根据树脂种类，分为环氧、硝基或双组分聚氨酯丙烯酸等。中涂底漆的类型及性质如表 8 - 1 所示。

表 8 - 1　中涂底漆的类型及性质

类型	性质
硝基中涂底漆	它是一种单组分中涂底漆（溶剂蒸发型），主要分为硝化棉和醇酸或烯酸树脂。含颜料较多，易沉淀，使用时应彻底搅拌均匀，其黏度用硝基稀释剂调整，具有快干特性，易于使用。可与各种硝基面漆以及双组分丙烯酸聚氨酯面漆调配使用
聚氨酯中涂底漆	主要由聚氨酯、丙烯酸和醇酸树脂组成，属于双组分型中涂底漆。使用聚异氰酸酯作为固化剂。一般小面积修补直接用于金属上或磷化底漆、环境底漆等表面。其附着力、耐水性、耐热性、耐化学性很好，打磨性及对面漆的保光性也非常好，但干燥慢，需要以大约 60 ℃强制干燥
热固性中涂底漆	属于单组分（热聚合）型中涂底漆，主要由三聚氰胺和醇酸树脂组成。在喷涂烘烤漆膜之前用作底漆，它不适合普通的修补涂装，因为必须在 90 ~ 120 ℃的温度烘烤干操

4．中涂底漆施涂工艺流程

中涂底漆的施涂工艺流程如图 8 - 1 所示。

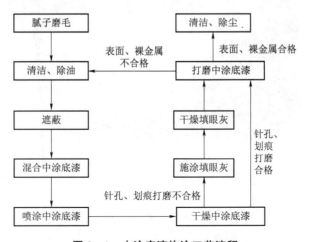

图 8 - 1　中涂底漆施涂工艺流程

✿ 二、中涂底漆施涂工艺

在原子灰施涂完成并取得良好效果以后，表面必须经过中涂底漆工序，该工序包括表面修饰、清除打磨划痕、防锈及其封闭，以增加面漆的附着力。

1. 打磨

如果不作任何处理就将中涂底漆或涂料直接涂到重修的表面上，那么涂层之间的附着力是很差的，当受到振动或弯曲力时涂层往往会分离。因此，在施涂任何涂层前，必须产生一些诸如砂纸那样的微小划痕，以暴露工件的活性表面，并增加表面面积，从而提高附着力。这个工序叫作打磨。常采用 P240～P320 干磨砂纸进行打磨。

2. 清洁和除油

要特别注意从针孔和其他缝隙中清除打磨微粒，用压缩空气吹表面及周围面积，用除油剂进行正常的除油工作。

3. 遮护

1）遮护的作用

遮护是一种保护方法，使用胶带或纸盖住不需要修饰的表面。它用于在打磨、喷涂或抛光时保护相邻的表面。

由于喷涂中涂底漆使用的空气压力低于施涂面漆的空气压力，所以工作表面的遮护工序比较简单。通常使用反向遮护法，以防止产生喷涂台阶。所谓反向遮护法，是指遮护纸敷贴时里面朝外，所以沿边界就有一薄层漆雾。这种方法用于尽可能减小台阶，使边界不太引人注目。当处理小面积（进行点喷）时，边界可以规定在一个给定的车身板内，遮蔽有关面积，防止中涂底漆过喷，如图 8-2 所示。

图 8-2 反向遮护

2）遮护的范围

所用的重喷方法和喷枪的操作方法不同，要遮护面积的范围也不同。漆雾散射的范围因所进行的是点重喷还是大面积重喷而异，因此必须适当地遮护在每一种情况下的最小面积。开始最好使遮护面积大于必须遮护的面积。在喷涂以后，查看遮护纸上是否有喷涂外溢的迹象。在随后的施工中，可以逐渐缩小要遮护的面积。

3）不可拆卸部件的遮护

将遮护胶带贴在不可拆卸的部件上，并留一个小小的间隙（等于涂层的厚度）。如果不留间隙，涂料形成的涂层将会连接新涂表面和遮护胶带，从而使遮护胶带难以剥落；如果间隙太宽，那么遮护胶带便不能很好地遮护部件。

4）圆面积的遮护

如果遮护胶带在圆面积上贴得很紧，那么它会在转角周围缩进去，从而暴露需要遮护的面积。为了解决这个问题，应该在接近转角的地方将胶带贴得稍松一点。

5）双重遮护

通常使用的遮护胶带和纸，对涂料中所含有的溶剂的抵抗力不强。因此，在涂料易于聚集的地方（例如板边、沿特征线或要涂厚涂料的区域），贴双层遮护胶带和纸可以防止涂料渗入遮护材料。

4. 混合中涂底漆

按照中涂底漆制造商的指标，使用适当的计算仪器，在要喷涂的中涂底漆中添加配套固化剂和稀释剂。底漆、固化剂和稀释剂的添加比例按照制造说明进行。

5. 喷涂中涂底漆

要获得平整光滑、厚度均匀、光泽度较好的漆面，除了具备涂料质量、底漆基础、适合规格的喷枪等因素外，还需要掌握正确的喷涂操作技术。

❀ 三、原子灰

1. 原子灰的组成及作用

原子灰是一种以颜料、填充料、树脂、催干剂调配而成的呈浆状的材料，用于预涂底漆的底材，以填平物体表面的凹坑、焊接缝及擦伤、锈蚀等缺陷，直至形成平整光滑的表面。

原子灰能使受到损坏的底材恢复到原有的形状，是一种快速而低成本的修补方法。

2. 原子灰的特性

（1）与底漆、中涂底漆及面漆有良好的配套性，不发生咬底、起皱、开裂、脱落等现象，有较强的层间黏合力。

（2）具有良好的刮涂性能，垂直面涂装性能良好，无流淌现象，有一定的韧性，附着力好，刮涂时原子灰不反转，薄涂时原子灰层均匀光滑。

（3）打磨性良好，原子灰层干燥后软硬适中，易打磨，不钻砂，能适应干膜或湿磨打磨后原子灰层边缘平整光滑且无接口痕迹。

（4）干燥性能良好，能在规定时间内干燥、打磨。

（5）形成的原子灰层要有一定的韧性和硬度，以防汽车行驶中的振动引起原子灰层开裂，或轻微碰撞引起底凹或划痕。

（6）具有较好的耐溶剂和耐潮湿性，否则会引起涂层起泡。

3. 原子灰的类型

原子灰有很多类型，在施工时，可以根据不同情况合理选用。

1）聚酯原子灰

聚酯原子灰由不饱和聚酯树脂、填料、少量颜料及苯乙烯配置而成，属于双组分型原子灰。使用时，需首先与固化剂（有机过氧化物）调配。

由于聚酯原子灰干燥速度快，受气候影响小，原子灰层牢固，附着力强，不易开裂，刮涂、堆积、填冲性能好，硬度高，打磨性好，表面细滑光洁，固化后收缩性好，能与多种面漆调配使用，可以大大提高施工速度和产品质量，因此在汽车修理行业被广泛使用。

2）硝基原子灰

硝基原子灰是一种单组分原子灰，主要由硝化棉、醇酸树脂、酚醛树脂、颜料、大量体质颜料和稀料组成。

硝基原子灰成膜后易打磨，在汽车修补中，常用于填充喷涂中涂底漆后的刮痕、针孔或浅凹坑等。

3）环氧原子灰

环氧原子灰主要由环氧树脂组成，属于双组分型原子灰，用胺作固化剂。

由于对各种基底材料有良好的防锈和附着力，环氧原子灰经常用于修理塑料零件。但就变曲、成形和打磨性能来讲，没有聚酯原子灰好。

4. 原子灰的应用范围

根据原子灰的特性并结合板件工况，不同的原子灰具有不同的应用范围，如表 8 – 2 所示。

表 8 – 2　不同原子灰的适用范围

类型		适用底材	应用范围和特性	一次涂刮最大厚度/mm	最大涂层厚度限制/mm
聚酯原子灰	厚型	金属	涂刮厚层，有良好的成形和附着性，但是在刮灰刀下的延展性能不足，纹路粗糙，有许多针孔，现在广泛采用轻质原子灰	10	10 ~ 12
	中型		具有厚型和薄型的特点，轻质型含有轻质材料，在某种程度上也可直接作为中涂涂装，涂刮厚层。纹路光滑，打磨性好	5	5 ~ 10
	薄型		用于填充小坑和最后一道原子灰，纹路精细，刮刀延展性好，不易形成针孔	2 ~ 3	3 ~ 5
环氧原子灰		塑料	广泛用于塑料件，对各种类型材料如金属盒树脂有良好的附着力，并且有一定的柔软性	2	5 ~ 10
硝基原子灰		底漆	用于填充中涂底漆后的打磨痕迹和针孔，属于单组分，干得快，易于使用。如果涂得很厚，则干得慢并且缩皱，降低性能	0.1	0.1 ~ 0.2

5. 涂刮原子灰与打磨原子灰的操作流程

原子灰施工操作流程如图 8 – 3 所示。

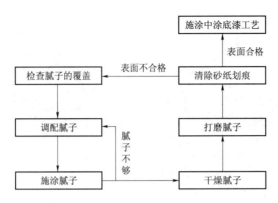

图 8 – 3　原子灰施工操作流程

6. 原子灰的施工

1）聚酯原子灰的施工

聚酯原子灰由主剂与固化剂两种组分组成，使用时需将两组分按比例混合。一般主剂是淡灰泥浆状，固化剂有黄色、蓝色、红色等。

施工步骤和注意事项如下：

（1）施工前准备。

施工前应将罐内的主剂调和均匀，底面稠度一致，以利于刮涂和固化，如图 8 – 4 所示。固化剂要先打开管盖将空气挤出，然后用两手掌在管外揉搓均匀。

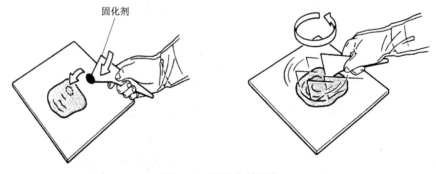

图 8 – 4　原子灰的调和

从左侧将固化剂挑到原子灰里面，从右侧将固化剂搅合到原子灰里面。

调配时用刮刀把主剂拨在托板上，固化剂按主剂的 2% ～ 3% 的比例加入（参照供应商的要求调配），用刮刀来回刮抹主剂和固化剂，使之混合均匀（从颜色混合均匀度观察），混合不匀则产生固化不匀、附着力差、起泡、剥落等现象。调配混合操作如图 8 – 5、图 8 – 6 和图 8 – 7 所示。

（2）刮涂原子灰。

刮涂原子灰前，物面应无油、无脏物，凹陷处的旧涂膜应铲除干净。

刮涂原子灰时应使用硬刮具，对低凹较大的部位，要利用原子灰干燥快、未干透可复涂的特点，不要一次刮涂太厚，分 2 ～ 3 次进行挤压式刮涂（先挤压式刮一层，待其凝固未干透，即可在其上面复涂一层到两层），这样容易填满凹部，也不易产生细洞穴及原子灰边缘口子，打磨时省时省力。刮涂面积应每层逐步扩大，原子灰层厚度由厚到薄。

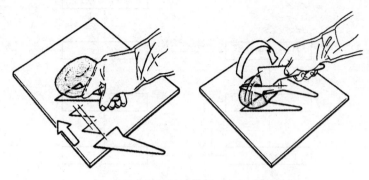

图 8 – 5　从左侧铲起原子灰往右侧翻转原子灰

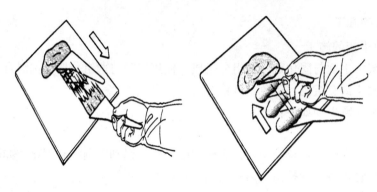

图 8 – 6　压制原子灰从右侧铲起原子灰

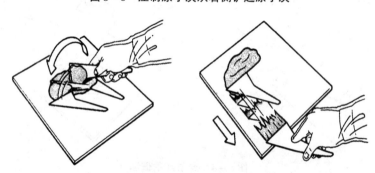

图 8 – 7　往左侧反转原子灰将刮刀回收并压下

　　具体方法如图 8 – 8 所示，简述如下：

　　刮涂原子灰可用牛角板、钢板、胶木板、环氧板、橡皮板等工具。刮涂层数根据物面情况而定。刮涂时视物面损坏程度和损坏面积，可满刮（全部刮）或补刮（局部刮）。用刮刀刮涂原子灰时，刮刀与物面倾斜角以 50°～60°比较适宜。刮涂原子灰时，注意以高处为准，再找水平，对特别高的部位，应由钣金工敲平，以减少原子灰层的厚度，方便施工。

　　刮涂第一层原子灰，要用硬刮具刮涂，对较大凹坑可选用较宽的硬刮具。刮涂此原子灰层时，只求平整，不求光滑；对汽车车身表面较大的凹坑刮涂只要初步平整，不要为了一次刮平而使原子灰层厚度超过 5 mm。刮涂方向横、竖均可，以利于填平凹坑为准则。对汽车车体表面折口及轮廓线的损坏处，刮涂时要注意造型及平直性，为以后刮涂各层原子灰操作打下良好的基础，如图 8 – 9 和图 8 – 10 所示。

主剂　固化剂

图8－8　原子灰的刮涂

图8－9　第一层填充原子灰

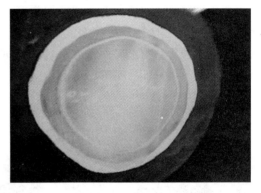

图8－10　压实薄刮第一层

如图8－11所示，刮涂第二层原子灰，汽车车身平面处仍用硬刮具刮涂，但对圆弧较大部位也可适当使用橡皮刮具或塑料刮具。此层原子灰仍以填平低处为主，不求光滑。该层原子灰厚度应比第一层稍薄，局部刮涂时的面积应略大于第一层原子灰的面积，满刮时要注意物件边缘原子灰的平直性。较大物面刮涂时与上一层原子灰的接口应错开，即不要使各层原子灰的接口在同一部位，以免产生缺陷。满刮原子灰层应注意刮涂方向，应顺着流线型（按汽车造型水平方向）方向，并遵循从上到下、从右到左的原则，刮涂时尽可能拉长一些，以减少刮涂接口。注意原子灰层的厚度与原涂面基准点平齐。由于补刮原子灰层范围逐渐扩大，对邻近的补刮原子灰层，视具体情况可在第二层或第三层刮涂原子灰层时连成一片，以减少原子灰层边缘，利于打磨。

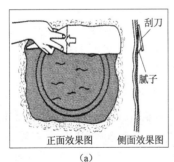

正面效果图　　侧面效果图

（a）

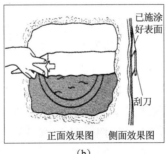

正面效果图　　侧面效果图

（b）

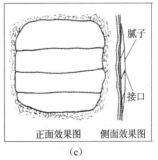

正面效果图　　侧面效果图

（c）

图8－11　第二层原子灰刮涂

（a）第二层填充原子灰；（b）第二层刮涂方法；（c）第二层最终刮涂效果

刮涂第三层原子灰，应使用弹性较好的橡皮刮具或塑料刮具，平面处也可用硬刮具。这一层原子灰主要填充前两层原子灰留下的砂孔、砂纸痕迹以及遗漏的轻微凹陷。施工原则是以光滑为主，兼顾平整性。刮涂时以手的压力与刮具弹性相结合，使刮涂的原子灰层平整光滑。满刮原子灰层方向与第二层原子灰操作相同。局部刮涂时的原子灰层面积稍大于第二层原子灰的面积，同时注意原子灰层边缘与旧涂层过渡平和。对于汽车车身表面若隐若现的轮廓外形线，刮涂时要注意其平直性。

（3）打磨原子灰层。

打磨原子灰层主要是为了取得平整光滑的表面。打磨原子灰层可采用手工或机械打磨。机械打磨适用于修补面积较大以及平整的物面，可降低劳动强度，提高工作效率。手工打磨适用于一些形状复杂的物面，如转角、折口、外形线、弧形、凹形部位等。打磨时两种方法可结合进行。打磨机如图 8 – 12、图 8 – 13 和图 8 – 14 所示。

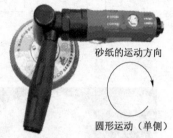

砂纸的运动方向

圆形运动（单侧）

图 8 – 12　单作用打磨机

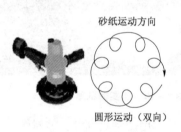

砂纸运动方向

圆形运动（双向）

图 8 – 13　双作用打磨机

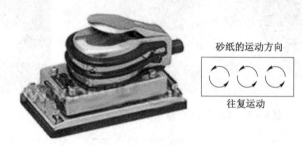

砂纸的运动方向

往复运动

图 8 – 14　轨道式打磨机

① 打磨第一层原子灰。

第一层原子灰的打磨只要求初步平整，不要求光滑。

手工打磨可使用 P60 砂纸，打磨直至物面最高点露底后，即以该最高点为基准，再修整平整度。打磨时产生的粉末会堵塞或粘积在砂纸的砂粒面上使打磨工作受阻，应常拍打砂纸或更换砂纸以提高打磨工作效率。手工打磨时注意沿打磨块长度方向，顺车身流线型水平方向做往复运动。打磨幅度要适当大一些，以利于打磨平整。绝不能做圆周运动方向打磨。动作要平稳，用力要均匀，当物面最高点露底后，注意与表面的平整性，防止过度打磨再次形成凹坑。打磨呈波浪形的大平面，应选用长一些的木块或橡胶块做衬块。打磨局部刮涂的原子灰层，要注意原子灰层与旧涂面基准面的平整度及原子灰边缘的平整性，俗称原子灰口子要磨平，以防产生原子灰层边缘痕迹。打磨折口、外形线、弧形时要注意造型及线条的平直性。

机械打磨原子灰层用的打磨机有圆盘式（单圈圆形运动和双重圆形运动）和板式。打磨第一层原子灰一般采用圆盘式打磨机，使用圆盘式单圈圆形运动打磨机时，不能把其平放在打磨面上，而应稍微倾斜，利用旋转边缘 3 cm 作为打磨面，以连续直线移动，使打磨痕迹呈直线状。当原子灰表面刮痕基本消失后，可用双重圆形运动打磨机配合使用，以避免产生较深的圆形磨痕。当打磨到与四周基准点接近时即可，以留出修整打磨的厚度，如图 8 – 15 所示。

图 8 – 15　打磨机向左移动

② 打磨第二层原子灰。

要求物面达到基本平整，无明显低凹，折口线、外形线、弧形面造型与原型一致，注意线条的平直性，如图 8 – 16 和图 8 – 17 所示。

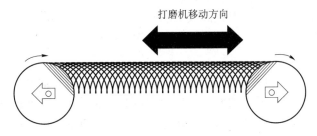

图 8 – 16　打磨较为平整的平面的移动方式

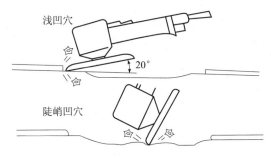

图 8 – 17　打磨小凹穴的操作方法

机械打磨用 P120 砂纸，打磨机选用双重圆形运动打磨机为好。

手工打磨时要恰当选用打磨块，如大的平面要用大一些的打磨块，对于棱角或较窄小的部位则应选用小的打磨块，而对于一些圆弧、凹弧或有型线的部位，则需选用或仿制与其形状相似的打磨块。

打磨满刮原子灰层时，以车身流线型水平方向为主，垂直方向、斜交叉方向为辅，注意水平方向与垂直方向、斜交叉方向的平整性。动作要协调平稳，并要不断地湿润原子灰表面。在水平方向打磨时来回幅度要大一些，约 0.8 m 为宜。在打磨中要经常用手抚摩砂磨面，以测定打磨程度。对于油性原子灰层来说，不要将原子灰层磨穿，物面边口残余原子灰用砂纸磨平，以防产生边口呈齿形现象。打磨局部刮涂的原子灰层时，要注意打磨面的厚度与旧涂面的平整度，既不能高也不能低，打磨难度比满刮原子灰层高。原子灰层的边缘要既平整又平和。

③ 打磨第三层原子灰。

基本要求是物面上微弱的凹坑、砂孔应全部消除，达到既平整又光滑，无缺陷、无砂

孔，局部刮涂原子灰边缘无接口，外表造型恢复原样。此时以手工打磨为宜，有利于对弧形面的修正，宜使用 P120 ~ P320 砂纸。以车身流线型水平方向为主，要注意凸出物面的折口线、外形线的平直性，一般不要垂直方向或斜方向打磨，若物面因具体情况需垂直方向打磨，最后也要以车身流线型水平方向打磨修整，以防产生垂直方向的打磨痕迹或砂纸痕迹。流线型水平方向的痕迹与车体的流线型方向一致，它们的有机结合使肉眼不易察觉；而垂直的痕迹恰恰相反，稍有砂磨痕迹即会明显地显露出来。对物面的圆弧、折口、凹角等不宜用打磨块砂磨的地方，可用拇指夹住砂纸，四指平压砂纸于物面上，然后均匀地来回运动摩擦物面做修整打磨。

④ 打磨第四层原子灰。

若通过以上三层原子灰的刮、磨后已达到喷涂要求或物面本身精度要求较低，则第四层原子灰可省略。但若物面精度要求较高或三层原子灰刮、磨后还不能达到施工要求，即要进行第四层原子灰，甚至第五层原子灰的刮、磨工作。

⑤ 打磨第五层原子灰。

宜手工打磨，使用 P260 ~ P320 砂纸。打磨平面时可使用打磨块打磨外形复杂的表面，拇指夹住砂纸，四指平压砂纸于物面上，然后均匀地沿水平方向来回运动。打磨时基本上把刮涂于物面的第四层原子灰砂磨干净，仅在一、二、三层原子灰可能留下的小砂孔内留下第四层原子灰。不要过度打磨，以免把底漆层及第三层原子灰磨穿，从而破坏折口线和外形线的平直性。

打磨完成后应吹净表面灰尘并用脱脂剂脱脂，这时物面应平整光滑，无砂孔、无缺陷，物面边缘无缺口和齿形，局部刮涂原子灰边缘平整光滑且无接口痕迹，否则要进一步刮涂和打磨。

（4）使用原子灰的注意事项。

一般的原子灰不能直接用在镀锌铁板上，只有专用的钣金原子灰才可以。固化剂量太少会导致原子灰层干燥慢，干燥后与金属结合力差，易起泡、剥落，打磨时原子灰边缘平滑性差；固化剂量太多会产生过多的气体，从而产生气孔，影响整个涂层的质量。原子灰主剂与固化剂配制后，要在可使用时间内（一般为 7 ~ 10 min）用完（使用时间受温度与相对湿度的影响）。刮涂后的原子灰层在干燥后（一般为 20 ℃ 时经 1 h）才可打磨，相对湿度高、温度低时干燥时间要适当延长，也可用红外线灯强制干燥来缩短干燥时间。经过配制后的原子灰不能再装入原来的容器中。工具使用完毕后，应立即用稀释剂清洗干净，以免凝结而损坏工具。不要把原子灰刮涂在酚醛底漆、醇酸底漆和磷化底漆上，以免产生脱落、起泡现象。原子灰可直接刮涂于黑色金属表面、高温烤漆和双组分漆上。打磨原子灰时，不要在周围的旧涂膜上留下深的砂纸打磨痕迹，以防涂装面漆时溶剂从这些伤痕口渗透下去，使上层面漆涂装后产生一些涂膜缺陷。原子灰的保存期比其他涂料品种的保存期短，一般为生产后 6 ~ 12 个月，请参照生产商的要求。原子灰刮涂层间不需要涂底漆，第一层原子灰稍干即可重叠刮涂第二层原子灰，不会发生面层封闭而使底层原子灰不干的现象。

2）快干原子灰（幼滑原子灰）的施工

快干原子灰俗称填眼灰、小灰等，有硝基型及双组分型，既可用于刮涂操作，也可用于喷涂操作，颜色有白色、红色、黄色等，可根据需要选用。快干原子灰主要适用于填嵌原子灰施工后产生的砂痕、砂孔以及物体表面上的微弱凹陷。此类原子灰颗粒细腻、快干、易打磨、原子灰边缘平滑。硝基型快干原子灰在汽车修补涂装中使用普遍，下面以硝基型快干原子灰为例来说明快干原子灰的施工及注意事项。

（1）快干原子灰适宜刮涂砂孔、砂痕及微弱凹陷的小面积作业。

（2）快干原子灰在托板上调匀后，应迅速刮涂。在刮涂操作中要快而灵活，原子灰层以薄而均匀为宜，若需适当厚度，以薄层多刮操作来实现，即刮一层薄的，待干后再复刮一层的操作方法。刮涂面积过大，则刮涂操作有一定的难度。

（3）快干原子灰在薄涂时干燥很快，但在厚涂时表面易封闭，溶剂挥发受到影响，干燥很慢，且堆积性差，因此快干原子灰不能替代填充性原子灰。

（4）在小面积单个修补中也可代替最后一道原子灰层及二道底漆。在时间紧、修补面积小的情况下，仅为这一小块还需遮盖不涂面及使用喷枪喷涂二道底漆，费时费工。若采用快干原子灰薄层多刮的操作方法，既能消除砂痕、砂孔，又能起到二道底漆的封闭作用，省时省工，加快了施工速度。

（5）一般快干原子灰刮涂于中涂底漆上，打磨后直接喷涂面漆，因此，砂纸的选用应视物面精度要求及喷涂面漆的种类而定，一般选用 P400～P800 水砂纸湿磨，如面漆是银色底漆或珍珠漆，则选用 P800 水砂纸较为适宜。

（6）快干原子灰打磨应让其自然干燥到硬化，过早打磨会产生收缩及打磨痕迹。打磨时应用打磨块衬水砂纸湿磨。对于一些高精度要求的物面或快干原子灰刮涂面积较大的部位，必要时还需喷涂封闭底漆以保证涂层质量。

思考题

一、判断题

1. 中涂底漆表面不适合打磨。　　　　　　　　　　　　　　　　　　　　（　　）

2. 底漆具有一定填补缺陷的功能。　　　　　　　　　　　　　　　　　　（　　）

3. 在打磨中涂漆层时，应根据将要涂装面漆的种类选择合适的砂纸。　　（　　）

4. 并不是所有的中涂底漆都可以进行调色处理。　　　　　　　　　　　　（　　）

5. 喷涂中涂底漆前的打磨面积要超出原子灰边缘 50 mm 左右。　　　　　（　　）

二、选择题

1. 用双作用打磨机干打磨中涂底漆表面时，选择砂纸的粒度至少为（　　）号。

A. 60　　　　　　　B. 100　　　　　　　C. 180　　　　　　　D. 240

2. 如果中涂底漆层间黏着力不足，会出现（　　）缺陷。

A. 剥离　　　　　　B. 起泡　　　　　　C. 起皱　　　　　　D. 流挂

3. 如果面漆是聚氨酯类漆，则中涂漆层应选用（　　）类。

A. 硝基　　　　　　B. 聚氨酯　　　　　C. 厚涂型合成树脂　D. 丙烯酸

4. 下列（　　）不是中涂漆层重点考察的性能。

A. 层间黏着性　　　B. 耐水性　　　　　C. 耐热性　　　　　D. 抗石击性

5. 当面漆是硝基类涂料时，其中涂底漆要用（　　　）水砂纸打磨。

A. P320 　　　　　B. P360 　　　　　C. P400 　　　　　D. P600

三、简答题

1. 为什么要喷涂中涂漆层？

2. 如何判定中涂漆层的黏附性能？

3. 绘制中涂漆层喷涂的工艺流程图。

4. 为什么中涂漆层一次不能喷得太厚？

5. 怎样进行中涂漆层的手工干打磨？

项目九
面漆工艺

学习目标

（1）能够正确叙述面漆的作用和类型。

（2）理解面漆施工的安全注意事项。

（3）熟悉面漆施工中常用的工具设备，并能正确描述其工作原理。

（4）能够正确进行面漆的喷涂施工。

（5）正确完成一个典型车身部件的素色面漆喷涂过程。

汽车完成中涂底漆的涂装后，应进行素色面漆的整板喷涂。素色面漆能有效地提高涂膜的装饰效果，一般要喷涂三次，可以采用单工序、双工序或三工序操作。

❀ 一、面漆概述

1. 面漆的作用

面漆的主要作用是对被涂物体提供防护作用的同时，提高被涂物面的装饰作用。一种优良的面漆必须具备相当高的保护性能和装饰性能，使被涂物体在一定使用寿命的时间内，以颜色的光泽条件来衡量是否能保持它的装饰效果。

2. 面漆的分类

1）按施工工序分类

按施工工序可分为单工序、双工序和三工序等，如图 9 - 1 所示。

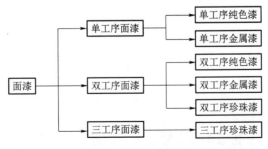

图 9 - 1　面漆按照施工工序及颜色效果分类

（1）单工序面漆。单工序面漆指喷涂一种涂料即形成完整的面漆层的喷涂系统，如图 9 - 2 所示。

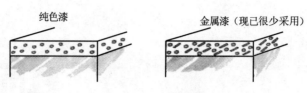

图9-2 单工序面漆

（2）双工序面漆。双工序面漆指喷涂两种不同的涂料才能形成完整的面涂层的喷涂系统，通常是先喷涂色漆或金属漆，再喷涂罩光清漆，两种涂层结合在一起才能形成有质量保证的完整的面漆层，如图9-3所示。

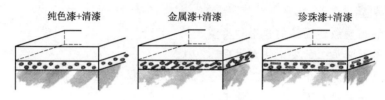

图9-3 双工序面漆

（3）三工序面漆。三工序面漆喷涂更为复杂，如三工序珍珠漆通常是先喷一层打底色漆（封闭底色），然后喷一层纯珍珠漆，最后喷罩光清漆，三个涂层结合才能形成完整的面涂层，如图9-4所示。

一般单工序面漆的颜色比较单调，而三工序面漆的效果比较丰富，但工序越多，施工及修补越复杂。

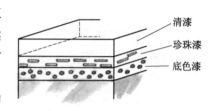

图9-4 三工序面漆

2）按颜料成分和颜色效果分类

面漆按照颜料成分及颜色效果可分为纯色漆、金属漆和珍珠漆，如图9-5所示。

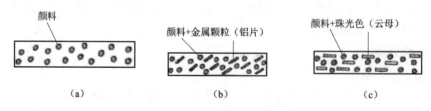

（a）　　　　　　　　　（b）　　　　　　　　　（c）

图9-5 面漆颜色效果分类

（a）纯色漆；（b）金属漆；（c）珍珠漆

（1）纯色漆。纯色漆是将各种着色颜料研磨得非常细小，均匀地分散在树脂基料中而制成具有各种颜色的油漆。

（2）金属漆。金属漆是以金属粉颗粒（以铝粉颗粒最为普遍）和普通着色颜料加入到树脂基料中而制成的。

（3）珍珠漆。珍珠漆在树脂中加入的是表面镀有金属氧化物的云母颗粒。由于云母颗粒除可以反射一定的光线外还可以投射和折射部分光线，所以这种面漆可以使被涂物表面产生类似珠光的光晕，有的还可以产生从不同的角度观察可以得到不同色相的特殊效果，如图9-6所示。

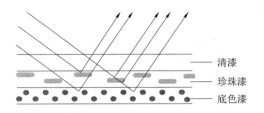

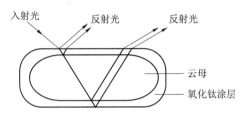

图 9 - 6　珍珠漆的色相效果

❊ 二、面漆的施工

（1）清洁喷涂室。用吹尘枪吹除喷涂室内的灰尘，将汽车开入室内。

（2）车身清洁，涂装工作服清洁、除尘。使用吹尘枪吹除中涂底漆打磨工作区域及相关区域的灰尘，吹除涂装工作服上的灰尘。

（3）遮护。按项目七中涂底漆遮护工作要求进行。

（4）喷涂前除油。使用专用除油剂进行脱脂除油。

（5）喷涂前除尘。脱脂结束后，再次用吹尘枪清洁，并使用专用除尘布除尘。

（6）混合涂漆。将调好色的色漆添加配套固化剂和稀释剂。色漆、固化剂和稀释剂的添加比例（按照质量比或体积比）依据制造说明确定。

（7）喷漆房参数调节。根据面漆特性及使用说明要求调节好喷漆房参数。

（8）喷涂作业。根据板件喷涂路线，按照正确规范的喷涂技术实施色漆作业双工序、三工序喷涂，在色漆喷涂后，需要喷涂清漆，保护底色。

（9）面漆干燥。面漆喷涂结束后，间隔 10 ~ 20 min（使涂膜中的溶剂挥发，以免产生涂膜缺陷），再用烤房或用红外线进行干燥。

（10）拆遮护。强制干燥结束后，要趁车身还未冷却时拆下遮护及粘贴遮护的胶带纸。若为自然干燥，应在喷漆结束后 10 ~ 15 min 拆下遮护及粘贴遮护的胶带纸。

（11）抛光、打蜡。

（12）清扫作业。

（一）单工序面漆的施工流程

单工序面漆的施工流程如图 9 - 7 所示。

1. 遮护

用压缩空气按顺序彻底清除打磨粉尘，先是车顶，然后是发动机罩、行李厢盖，接下来是车门和翼子板的间隙、行李厢盖和发动机罩的边缘等。

```
中涂层施工  ┌─────────────────┐        ┌──────┐
            │                 │        │ 喷涂 │
   ↓        │                 │        └──────┘
 遮护        │                 │           ↓
   ↓        │                 │        ┌──────┐
喷前检查、准备 │                │        │ 干燥 │
   ↓        │                 │        └──────┘
 调试喷枪    │                 │           ↓
   ↓        │                 │        ┌────────┐
  粘尘 ──────┘                 │        │涂膜修整│
                              │        └────────┘
                              │           ↓
                              │        ┌──────┐
                              │        │ 整理 │
                              │        └──────┘
                              │           ↓
                              │        ┌──────┐
                              └────────│ 交车 │
                                       └──────┘
```

图 9-7　单工序面漆的施工流程

对不需要施涂的部分应小心用专用遮蔽纸和遮蔽胶带进行施涂面漆前的遮护，以防污染。

在进行遮护作业过程中难免会有胶带纸、手上污物黏附于被涂表面，可用专用的除油布或干净的擦拭布沾上脱脂剂，擦拭被涂表面，除去油分、污物和蜡质等。应注意清洁车门把手和滑槽附近、车门内侧和行李厢盖、发动机罩四周内侧、挡风条和挡泥板的安装螺钉附近等。

2. 喷前检查、准备

（1）喷涂环境清洁。对喷漆房进行清洁，清除内部灰尘和碎屑（包括天花板和地板，以防止天花板和地板上的灰尘随喷漆房内的空气流通而飘浮在空气中，对漆面造成污染）。清洁喷漆房之后，需要先抽风 10～20 min 再进行后续工作。

（2）检查车身外表是否有遮护遗漏或其他作业没有进行完备之处。

（3）穿戴好合适的喷涂防护用品。用肥皂清洗手上可能有的油污，穿上喷漆防护服，戴上供气式全面罩（或戴上护目镜和活性炭式面罩），戴上无硅乳胶手套，然后用压缩空气清除黏附在衣服上的灰尘。

（4）涂料的准备。

① 调色需要喷涂的面漆（图 9-8）。因为颜色的需要，很少有只使用某一种纯色母直接喷涂的，绝大多数面漆是由多种色母混合而呈现出需要的颜色。

图 9-8　调漆

a. 查出车辆涂层代码。根据车身铭牌上标有的涂层代码，可以从调色资料中找到涂层信息。

b. 按色号从涂料生产厂商提供的配方表上查出色号的配方。

c. 转动调色设备，使调漆机上的所有色漆都充分搅拌，一般需要 15 min 左右。

d. 用电子秤依照配方进行调色。

e. 按比例配制涂料，添加稀释剂和固化剂，并搅拌均匀。

f. 过滤涂料，并加入准备好的喷枪中，进行试喷。

g. 烘烤试板，比对颜色。

h. 如果颜色有色差，则进行微调，直至颜色一致。

i. 记下色号及配方，以便下次有相同颜色时可使用相同配方。

② 调制涂料。将调色好的涂料按照规定的比例添加稀释剂和固化剂，并搅拌均匀。

③ 过滤及黏度调整。喷涂前使涂料静置 5 ~ 10 min，如果涂料黏度需要调整，应添加配套的稀释剂，选用与施涂环境温度相适应的快干、标准或慢干型的稀释剂，施工黏度一般调整至 18 ~ 21 s（涂 4 杯，20 ℃）。

3. 调试喷枪

调整喷枪的压力、喷幅及漆流量。

4. 粘尘

喷涂前用粘尘布（图 9 – 9）擦去粘在涂装表面的线头和灰尘。

喷枪试喷涂如图 9 – 10 所示。

图 9 – 9 粘尘布

图 9 – 10 试喷

5. 喷涂

1）全车喷涂

单工序纯色漆一般采用三次喷涂：预喷涂—重喷涂—修饰喷涂，如表 9 – 1 所示。

表 9 – 1 单工序喷涂

内容 ＼ 喷涂次数	第一次喷涂	第二次喷涂	第三次喷涂
目的	预喷涂	重喷涂，形成涂膜层	修饰喷涂，表面色调和平整度调整
喷涂手法	中湿喷	湿喷	虚枪喷涂
涂料黏度	18 ~ 21 s（20 ℃）	18 ~ 21 s（20 ℃）	16 ~ 20 s（20 ℃）
空气压力/bar	3	3	2.5

喷涂次数 \\ 内容	第一次喷涂	第二次喷涂	第三次喷涂
喷束直径	全开	全开	全开
漆流量	1/2 ~ 2/3	全开	全开
喷涂距离/cm	25 ~ 30	20 ~ 25	20 ~ 25
喷枪运行速度	快	适当	适当
要求	车身整体喷上一层雾的感觉,薄薄地预喷一层。提高涂料与原有涂层的亲和力,同时确认有无排斥涂料的部位,如果有就在该部位稍加大气压喷涂,覆盖住涂料排斥部位	在该工序基本形成涂膜层,要达到一定的膜厚。应注意尽可能喷厚一些,这是最终获得良好表面质量的基础,但同时注意不能产生垂挂和流动	调整涂膜色调,同时形成光泽。可加入透明涂料,有时为调整色调,要加入干燥速度慢的稀释剂

注:1. 涂料黏度以涂 4 杯测量,喷枪口径 1.3 mm。
　　2. 表中数据仅供参考,具体参照生产厂商的说明。

单工序纯色面漆一般喷涂三次,就能形成所需膜厚、光泽和色调。如果色调还不满意,可将涂料稀释到 16 s,再喷涂修整一次。每两次喷涂施工之间需要有 5 min 左右的静置时间,用于溶剂的蒸发,以防大量溶剂留在涂层中引起垂流等缺陷。

2) 局部修补喷涂

局部修补需要做过渡处理。图 9 - 11 所示为需要局部修补喷涂的一块翼子板,A 区域为修补区域。

(1) 经过正确的底材处理,底漆、中涂漆施工处理之后,对施涂了中涂漆的部位使用 P500 砂纸进行打磨处理,并从 A 区域扩展到 B 区域,并用研磨膏或 P2000 砂纸打磨 C 区和 D 区,直至消去漆面的光亮度。

(2) 用脱脂剂清洁整个表面,除去粉尘、油渍、蜡质等污垢,再用粘尘布清除涂装表面可能存在的细小粉尘。

(3) 将经过正确调色的涂料按照配比进行调配,装入喷枪的涂料罐,调整喷枪(压力 2.5 bar,喷幅约 10 cm,漆流量 1/3 开度)。

(4) 先在 A 区薄薄喷涂一层,然后再喷涂扩展到 B 区,如图 9 - 12 所示。

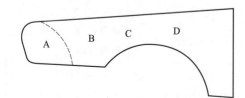

图 9 - 11　翼子板修补区域

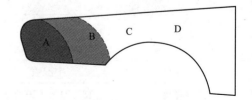

图 9 - 12　A 区扩展至 B 区

（5）将剩下的涂料稀释（按涂料生产厂商的技术要求调配）。

（6）喷涂范围扩大至 C 区，薄薄喷涂 1~2 层，如图 9-13 所示。漆流量相应调小一些，并在 D 区作过渡处理，如图 9-14 所示。

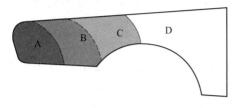 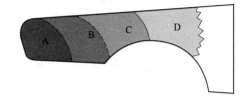

图 9-13　扩展至 C 区　　　　　　　　　　　图 9-14　扩展至 D 区

（7）在 D 区喷涂驳口水，薄喷一层，挥发 15 s 左右，再喷涂最后一薄层。

6. 干燥

在面漆喷涂完毕后，先静置 20 min 左右，使涂膜中的溶剂挥发，待涂膜稍稍干燥，可先除去遮护材料，如图 9-15 所示。因为烘烤加热会使遮蔽胶带上的胶质溶解，与被贴表面更加牢固结合而难以清除，并且容易留下黏性杂质，同时漆膜可能会被胶带揭起。

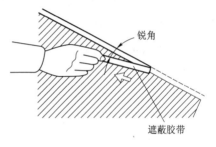

图 9-15　去除遮护材料

清除工作应先从涂层的边缘部位开始，而不能从胶带中央穿过涂层揭开胶带。揭除动作应仔细轻缓，并且使胶带呈锐角均匀地离开表面。进行清除工作时，应注意不能触碰刚刚喷涂过的地方，还应防止衣服、物品触及喷涂表面，以免出现损伤，造成额外修补的工作。

喷涂后静置 20 min，之后可以升温进行强制干燥，使用烤漆房或红外线烤灯。温度上升不能过快，否则会产生气泡和橘皮。先升温至 40 ℃ 左右，保持 10~15 min，作为预备干燥时间，然后升温至 60~70 ℃，强制干燥约 30 min 即可。

7. 涂膜的修整

喷涂过程中常常会由于种种原因在面漆表面造成一些微小的故障，例如流挂、个别的涂膜颗粒（脏点）、微小划擦痕迹和凹坑等，影响装饰性，因此必须进行修理。

1）流挂和涂膜颗粒的处理

若流挂的面积很小，涂膜表面颗粒很少，可以用单独修理的方法进行处理。修理必须是在涂膜完全干燥的情况下进行，处理过程为首先平整流挂或颗粒部位，然后用抛光的方法使修理部位与其他部位光泽一致，消除修理痕迹。

（1）平整修理。平整流挂和小颗粒多采用打磨的方法，但对于流痕或颗粒较大的情况，可先用刮刀将流痕或大颗粒削平，然后再用较细的砂纸打磨。

（2）局部抛光。经过平整修理和打磨的区域必须进行抛光，对小范围修补区域一般使用手抛的方法即可，也可用机械抛光来提高效率。

2）涂膜凹陷的修理

在面漆喷涂完毕后，涂膜上常常会有个别因喷涂表面清洁不净，留有油渍、汗渍等造成

涂膜张力变化而形成的小凹坑（鱼眼），或是清除遮蔽胶带时造成的小范围涂膜剥落等现象。对这些地方进行补漆操作时若缺陷位置量不明显，一般不需要用喷枪，使用小毛笔或牙签等对凹陷部位进行填补就可以了。但如果缺陷部位非常明显或所处位置是车辆极需要涂膜完美的地方，如发动机盖或翼子板等，一般多需要采用点修补的方法（使用小型修补喷枪进行小局部喷涂）来修理。

3）面漆的抛光

溶剂挥发型面漆（硝基面漆）在干燥后涂膜表面会失光，通常需要进行表面抛光处理来恢复其光泽。现在通常使用丙烯酸基或丙烯酸聚胺酯型的双组分面漆，虽然表面具有高度的光泽，但由于喷涂环境的影响，喷涂表面有时也会产生涂膜颗粒（脏点），或是由于局部修补的需要，出现修补部位与原涂层在光泽上的差异或色差，往往也需要进行整板抛光处理。

4）打蜡

抛光作业之后，往往需要打蜡。但有的涂料禁止打蜡，如合成纤维素丙烯酸硝基涂膜不能使用油性蜡，聚氨酯涂膜在完全固化之前（约一周）也最好不要打蜡。另外，不同的涂膜应选择与之相适应的车蜡，选择方法应根据涂料生产厂商的使用说明。

8. 部件的安装与整理

1）安装

安装好拆卸下的部件，如果部件有脏污，应进行清洁后再安装。操作时，对于刚施工的漆膜要特别小心，防止不小心伤及新涂膜，造成返工。

2）整理

安装部件之后，需要对车身内外进行整理。

（1）用高压空气枪对车辆内部细小部位做初步的清理，如仪表板、通风口、扶手等。

（2）用吸尘器清理地毯、车辆内部、座椅下、脚垫、行李舱等。

（3）观察玻璃内外是否有残漆，若有，用稀释剂清理，但应注意不能伤及其他附件及车身。

（4）清理发动机舱。

（5）为皮质座椅上皮蜡保养，为车身外装饰条上保养油，为轮胎上轮胎蜡。

（6）清理残留在车上的打蜡及细蜡痕迹。

（7）用高压空气枪清理车辆外表面。

（二）双工序面漆的施工

以双工序金属漆为例，在进行正确的遮护→喷前检查、调色及相关准备工作→调试喷枪→粘尘之后，需要进行面漆的施涂工序。

双工序金属漆需要先在工件表面喷涂色漆层，然后喷涂罩面清漆。

1. 全车喷涂

色漆层的喷涂：双工序面漆的色漆层也称为底色漆，其喷涂工序与单工序面漆喷涂相似，一般也采用三次喷涂：预喷涂—重喷涂—过渡喷涂，如表9-2所示。

表 9 - 2　双工序面漆底色漆的喷涂

内容 ＼ 喷涂次数	第一次喷涂	第二次喷涂	第三次喷涂
目的	预喷涂	重喷涂，形成涂膜层，决定色调	过渡喷涂，消除斑纹
喷涂手法	雾化喷涂	中湿喷	雾化喷涂
涂料黏度	16 ~ 18 s（20 ℃）	16 ~ 18 s（20 ℃）	14 ~ 16 s（20 ℃）
空气压力/bar	3	3	2.5
喷束直径	全开	全开	全开
漆流量	全开	全开	1/2 ~ 2/3
喷涂距离/cm	25 ~ 30	25 ~ 30	25 ~ 30
喷枪运行速度	快	稍快	快
要求	以喷雾感沿车身表面整体薄薄地喷涂一层。提高涂料与原有涂层的亲和力，同时确认有无排斥涂料的部位，如果有就在该部位加大气压喷涂，覆盖住涂料排斥部位	决定涂膜颜色，喷涂时不必在意出现的喷涂斑纹和金属斑纹，单层喷涂，喷枪移动速度稍快一点为好。丙烯酸聚氨酯涂料遮盖力较强，一般喷两次即可，但有的色调需要按第二次喷涂方法再喷涂一次	取金属漆和透明涂料各50%相混合。以消除喷涂斑纹和金属斑纹为目的，形成金属感。也可防止喷涂透明层时引起金属斑纹

注：1. 涂料黏度以涂 4 杯测量，喷枪口径 1.3 mm。

　　2. 表中数据仅供参考，具体参照生产厂商的说明。

2. 局部修补喷涂

图 9 - 16 所示为需要局部进行双工序面漆修补喷涂的一块翼子板，A 区域为修补区域（施涂中涂漆层区域）。准备好底色漆和罩面清漆。

（1）对施涂了中涂漆的部位使用 P500 砂纸进行打磨处理，并从 A 区域扩展到 B 区域。并用研磨膏或 P2000 砂纸打磨 C 区和 D 区，直至消去漆面的光亮度。

（2）用脱脂剂清洁整个表面，除去粉尘、油渍、蜡质等污垢，再用粘尘布清除涂装表面可能存在的细小粉尘。

（3）将经过调色的底色涂料按照配比进行调配，装入喷枪的涂料罐，调整喷枪（压力约 2.5 bar，

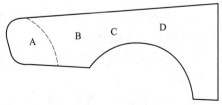

图 9 - 16　打磨处理

喷幅约 10 cm，漆流量 1/3 开度）。

（4）可先在有中涂漆层的区域薄薄喷涂一层透明涂料，以使所喷的金属漆更光滑。

（5）底色漆在 A 区分多次喷薄涂层，每层间隔 5 min 左右，然后再喷涂扩展到 B 区。在 C 区作最后 1~2 层喷涂，并进行驳口处理。

（6）将底色漆与透明涂料各 50% 混合，喷涂 1~2 层，逐渐覆盖 D 区。薄薄地进行喷涂，以消除斑纹，调整金属感，同时兼有驳口（晕色）处理作用。

（7）静置 15~20 min，用粘尘布除去飞漆及尘灰。

（8）喷涂 1~2 层罩光清漆，覆盖整个区域，如图 9-17 所示。可在 D 区喷涂界限之外喷涂驳口水，以溶解过多的漆雾，挥发 15 s 左右，薄喷最后一层。

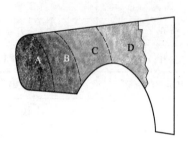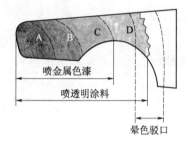

图 9-17 覆盖区域喷涂

（三）三工序面漆的施工

三工序面漆的施工需要喷涂三种不同类型的涂料：纯底色漆—纯珍珠漆—罩光清漆，各工序涂料调配比例应参照生产厂商提供的说明。

1. 底色漆

三工序面漆施工的关键，首先需要调配出底色漆的颜色，因为车身最终的颜色取决于底色漆的颜色。可在车身上找出一块只有底色漆没有珍珠漆与清漆覆盖的位置，例如门槛内边缘的表面，进行调色对比。

2. 珍珠漆

为了确定喷涂多少层珍珠漆才能获得需要的效果，施工中需要制作出一块珍珠漆膜厚渐变样板（图 9-18），与车身进行比对。因每一个喷涂施工人员都有自己的特点，所以每个施工人员应该根据自己的技术和设备做出适合自己的珍珠漆膜厚渐变样板。

珍珠漆膜厚渐变样板制作过程：

（1）先在样板上全面喷涂调配好的底色漆，达到完全覆盖，并晾干。

（2）将样板分成六个部分分别进行横向遮护，如图 9-19 所示。

（3）依次在这几个部分上喷涂珍珠漆，各次喷涂之间要有一定的流平时间，如图 9-20 所示。

珍珠漆膜厚渐变样板

图 9-18 珍珠漆膜厚渐变样板

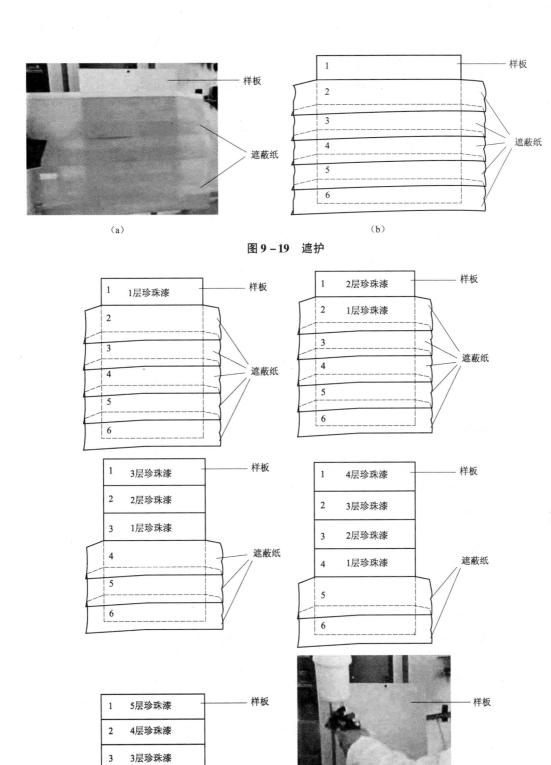

（a）　　　　　　　　　　　　　　　　（b）

图 9 – 19　遮护

图 9 – 20　喷涂珍珠漆

（4）揭去遮蔽纸，并使样板干燥。

将做好的珍珠漆膜厚渐变样板与车身颜色进行比较，就可以确定出需要喷涂几层珍珠漆才能得到所需要的颜色，如图9-21所示。

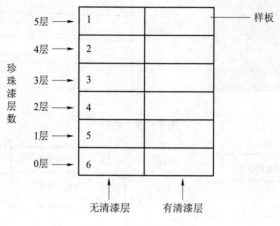

图9-21 珍珠漆层数

一、判断题

1. 颜色过渡区域一般用P1500砂纸进行湿打磨。　　　　　　　　　　（　　　）

2. 增大涂料的稀释比例对慢干清漆纹理的调整不起作用。　　　　　　（　　　）

3. 修补边缘较薄，相当于干喷，所以侧面颜色较浅。　　　　　　　　（　　　）

4. 为了防止涂料漏出，涂料的充满量不要超过杯体容量的1/2。　　　（　　　）

5. 修补型涂料一般固化条件为在40℃的条件下干燥30 min。　　　　 （　　　）

二、选择题

1. 修饰喷涂的主要目的是调整图层表面的（　　　　）。

A. 颜色和斑纹　　　　　　　　　　　　B. 明度和饱和度

C. 色调和平整度　　　　　　　　　　　D. 光泽和平整度

2. 面漆采用强制干燥时，在60℃的条件下需干燥（　　）min左右。

A. 10　　　　　　B. 50　　　　　　C. 20　　　　　　D. 30

3. 喷涂表面的光泽为着色喷涂结束时，光泽的（　　　　）是消斑处理的最好时机。

A. 0～40%　　　　　　　　　　　　　B. 30%～50%

C. 50%～70%　　　　　　　　　　　　D. 70%～90%

4. 喷涂速度越快，则涂膜产生的凸纹数越（　　　），凸纹高度越（　　　）。

A. 少；大　　　　　B. 多；大　　　　　C. 少；小　　　　　D. 多；小

5. 双组分面漆喷涂时，喷涂第二层的最佳时机为（　　　　）。

A. 20 min以后　　　　　　　　　　　　B. 15 min以后

C. 25 min以后　　　　　　　　　　　　D. 待涂面不粘尘后

三、简答题

1. 面漆的作用有哪些？
2. 简述珍珠漆膜厚渐变样板的制作过程。
3. 简述单工序面漆局部修补喷涂的操作过程。
4. 素色漆的喷涂方法有哪些？
5. 简述金属漆的喷涂方法。

项目十

颜色的基础知识

学习目标

（1）了解调色的目的及调色方法。
（2）掌握颜色的属性及表示方法。
（3）掌握调色相关设备工具资料的使用方法。
（4）正确规范地进行计量调色和简单的微调。

经过中涂处理好的车门，下一个涂层是面漆层，在进行面漆涂装之前，需根据车门原来的颜色调好面漆的颜色。

一、彩色特性

1. 物体颜色的产生

太阳光由红、橙、黄、绿、青、蓝、紫七种单色光组成。物体对光线有反射、吸收和透射作用，如图 10-1 所示。一种物体如果吸收了太阳光中全部单色光的 90% 以上，就呈现黑色；如果反射了太阳光中全部单色光的 75% 以上，就呈现白色；如果有选择地反射一部分单色光，其余单色光被吸收，则呈现反射光的颜色。

若物体能全部透射太阳光，就是无色透明体；若能透射一种或几种单色光，就是彩色透明体。反射（或透射）的各种单色光在物体表面产生干涉，物体就呈现斑斓色，如贝壳上的花纹、羽毛等，如图 10-2 所示。

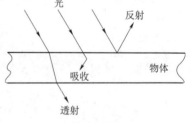

图 10-1　颜色的产生

2. 颜色的属性

颜色可分为无彩色和有彩色两大类。

无彩色是指白色、黑色和各种深浅不同的灰色，它们可以排成一个系列，由白色渐渐到浅灰，到中灰，再到深灰，直到黑色，叫作白黑系列。

有彩色是指除白黑系列以外的各种颜色。

尽管颜色种类很多，但都有三个共同点，颜色的这三个共同点叫作颜色的三属性。颜色的三属性分别是色调、明度和饱和度。无论什么颜色，都可以用这三种属性来定性、定量地描述。

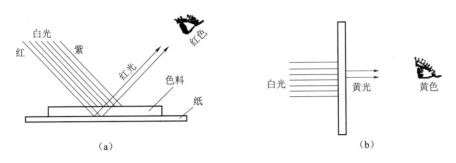

图 10 - 2　颜色

1）色调

色调（Hue，简写为 H）又称为颜色的色相或色别，即色彩的相貌，是色彩最基本的特征，也是颜色彼此相互区分最明显的特征，如图 10 - 3 所示。

在修补涂料的调色系统里，用来描述颜色色调差异的用语一般有红、黄、绿、蓝四个，有时还会用到紫和橙。黄绿和青这两个色调本身难以分辨，而且与黄、蓝有重复，因此在实际描述时很少用到。

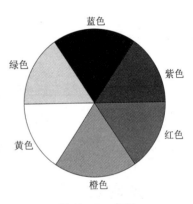

图 10 - 3　色调

每个颜色都能在色轮图中找到相应的色调位置。在色轮上，颜色色调的变化只能有两种偏向，即偏向沿着色轮与其相邻的两个主要的色调。

例如，蓝色可以偏绿和偏紫，红色可以偏紫和偏橙，黄色可以偏绿和偏橙。

2）明度

明度（Value，简写为 V）也称为亮度。一般来说，色彩的明度是人眼所感受到的色彩的明暗程度。

各种色彩的明度取决于人眼所感受到的辐射能的量。由于它们反射（透射）光量的不同，就会产生明暗强弱的差异，可用反射率（透射率）来表示。相同色彩物体表面的反射率越高，它的明度就越高，或者说各个色彩物体在明亮程度上，越接近白色则明度越高，越接近黑色则明度越低。不同色相的光谱色即使反射率相同，明度也各不相同。其中，黄色、橙黄、黄绿等色的明度最高，橙色比红色的明度高，蓝色与青色相比要暗些。所以，明度并不单纯是一个物理学的量度，还是个心理的量度。人对不同色相明度的感觉排序如表 10 - 1 所示。

表 10 - 1　人对不同色相明度的感觉排序

白	黄	黄橙	黄绿	绿	红橙	青绿	红	蓝	暗红	蓝紫	紫	黑
	淡灰			浅灰			中灰		暗灰			

明度一般用黑白度来表示，越接近白色，明度越高；越接近黑色，明度越低。任何一种颜色，如果加入白色，可以提高混合颜色的明度；反之，混入黑色，可以降低混合颜色的明度。

3）饱和度

饱和度（Chroma 或 Saturation，简写为 C 或 S）亦称纯度、鲜艳度和彩度，是指反射或透射光线接近光谱色的程度，或者表示为离开相同明度中性灰色的程度。

物体颜色的饱和度取决于该物体表面反射光谱色光的选择性。物体对光谱某一较窄波段的光反射率高，而对其他波长的反射率很低或没有反射，则表明它有很高的光谱选择性，其饱和度就高。如果物体能反射某一色光，同时也能反射一些其他色光，则该色的饱和度就低。

色彩饱和度与物体的表面结构有关。

每一色调都有不同的饱和度变化，标准色的饱和度最高（其中红色饱和度最高，绿色低一些，其他居中），黑、白、灰的饱和度最低，被定为零。主要色调的明度和饱和度如表 10-2 所示。

表 10-2　主要色调的明度和饱和度

色调	红	橙	黄	黄绿	绿	青绿	青	青紫	紫	紫红
明度	4	6	8	7	5	5	4	3	4	4
饱和度	14	12	12	10	8	6	8	12	12	12

对合成的颜色来说，由于加入了其他品种的颜色，颜色的饱和度降低，也就是说合成色的饱和度都低于单色。加入的不同品种的颜色越多，各个颜色的饱和度越低，合成后的颜色越浑浊。

3. 颜色的表示方法

目前国际上广泛采用孟塞尔颜色系统作为分类和标定表面色的方法。它用一个三维空间的类似球体的模型把各种表面色的三种基本属性全部表示出来。在立体模型中的每一部位各代表一个特定的颜色，并给予一定的标号。

孟塞尔三维球体模型如图 10-4 所示，自下到上的变化为明度，水平距离的变化为饱和度，围绕着明度轴的周向变化为色调。

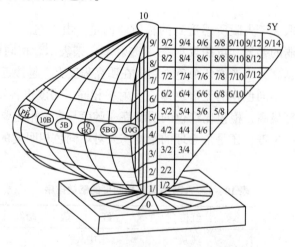

图 10-4　孟塞尔三维球体模型

1）孟塞尔明度（V）的表示法

孟塞尔颜色立体模型的中央轴代表无彩色白黑系列中性色的明度等级。黑色在底部，理想黑色定为 0；白色在顶部，理想白色定为 10。孟塞尔明度值由 0 ~ 10，共有 11 个在视觉上等距离的等级。由于理想的白色和黑色是不存在的，所以在实际应用中只用明度值 1 ~ 9。

2）孟塞尔色调（H）的表示法

在孟塞尔颜色系统中，用颜色立体模型水平剖面上的各个方向代表 10 种色调，即 5 个主色调和 5 个中间色调，组成了孟塞尔颜色系统的色调环。5 个主色调是红色、黄色、绿色、蓝色和紫色，5 个中间色调是黄红色、绿黄色、蓝绿色、紫蓝色和红紫色。

为了把该颜色系统中的色调进行更细的划分，孟塞尔把每一种色调又分成 10 个等级，用数值 1 ~ 10 表示，其中 5 为纯正的颜色，小于 5 的颜色偏向于与 1 号相邻的色调，大于 5 的颜色偏向于与 10 号相邻的色调，数值偏离 5 越多，含有与其相邻颜色的量就越多。色调等级如图 10 - 5 所示。

3）孟塞尔饱和度（C）的表示法

在孟塞尔系统中，颜色样品离开中央轴的水平距离代表饱和度的变化，称为孟塞尔饱和度，表示具有相同明度值的颜色离开中性灰色的程度。它也分成许多视觉上相等的等级，中央轴上的中性色饱和度为 0，离中央轴越远，饱和度数值越大，如图 10 - 6 所示。

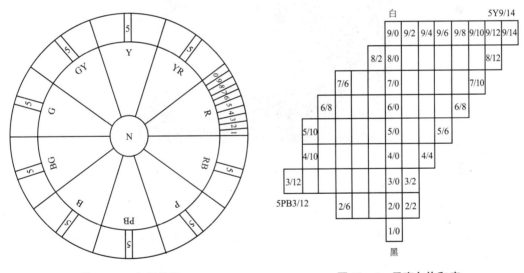

图 10 - 5　色调等级　　　　　　图 10 - 6　孟塞尔饱和度

4）孟塞尔颜色的标定法

任何颜色都可以用孟塞尔颜色立体上的色调、明度和饱和度这三项坐标进行标定，并给予一定的标号，其表示方法如下：

$$HV/C = 色调 \times 明度/饱和度$$

例如，一个标号为 8G5/8 的颜色，它的色调是绿和蓝绿的中间色，明度为 5，饱和度为 8，同时，从这个标号可知，该颜色是中等亮度、饱和度较高的颜色。

中性颜色由于其饱和度为 0，所以颜色标号可写成

$$NV = 中性色 \times 明度$$

对饱和度低于 0.3 的中性色进行精确标定时，一般表示为

$$NV/(H, C) = 中性色 \times 明度/(色调，饱和度)$$

❋ 二、视觉比色

1. 影响颜色的因素

（1）光源的影响。

（2）物体大小、距离和本身表面状态的影响。

（3）环境色的影响。

2. 视觉比色的方法

视觉比色就是把试样的颜色和样本的颜色并排放在一起，用肉眼观察它们是否相同的方法，如图 10-7 所示。在进行视觉比色时，不同的观察者在观察时，对于样本和试样，因受光方式、观察方法、光源种类、周围环境、试样大小等影响而产生差别。

图 10-7　视觉比色

在进行视觉比色时，所制作试样和样本应尽可能大一些。

用于视觉比色的最佳光线是日出后 3 h 到日落前 3 h 之间的自然光。为避免直射日光，可以采用北向窗户进入的自然光线。视线与光线间成 45°夹角，视线与光线其中有一项应与试样垂直。

进行视觉比色时最好用标准光源。国际照明委员会（CIE）推荐用 D65 光源代表典型的日光。D65 光源为荧光灯管，色温为（6 500 ± 300）K，显色指数 $R_a \geqslant 95$。

注意： 进行视觉比色时，不得穿色彩鲜艳的衣服或戴有色眼镜，周围的环境应无色彩影响，无反光；观察中应交替观察、比较试样和样本，不要长时间地凝视。观察完鲜艳颜色后，不能立即观察较为暗淡的颜色。

❋ 三、实例

1. 分析找出 A 和 B 两块色板颜色差异的方法

1）调色环境的选择

A 和 B 两块色板的颜色只有在标准的光源下进行比较，才能准确地找出差异。因此，要选取标准的光源和合适的比色环境。

2）颜色比较的方法

颜色的比较从色调、明度和饱和度三个属性入手。

3）色差板的颜色成分分析

首先找出标准板（色板A）的颜色配方，然后根据色差板与标准板颜色的差异，分析色差板颜色的成分。

2. A 和 B 两块色板颜色的比较

1）色调的比较

（1）将 A 和 B 两块色板与色轮图进行比较（图10-8），初步可以确定 A 和 B 两色板的色调为紫蓝色。

图 10-8　色调比较

（2）将 A 和 B 两块色板的色调与色轮图进行比较（图10-9），分别在色轮上找出与 A 和 B 两块色板色调基本一致的 A 和 B 两点，并做好记号。在色轮图上，A 点的位置稍微偏向蓝色，以紫色为主，B 点的位置靠近蓝色的成分则比较多。B 点与 A 点相比，B 点更蓝。因此，标准板 A 的色调为紫色，略偏蓝色，色差板 B 的色调为紫蓝色。

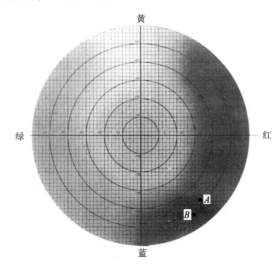

图 10-9　色轮图比较

2）明度的比较

将 A 和 B 两块色板与竖直方向上的颜色树进行比较，可以清晰地看出标准板 A 的颜色与颜色树上的 A 处相接近，色差板 B 的颜色与颜色树上的 B 处接近。标准板 A 的明度很低，黑色成分较多；色差板 B 处于竖直坐标轴的中部，明度为中灰略偏下。色差板 B 的明度明

显比标准板 A 高。

3）饱和度的比较

在色调的水平平面内，颜色所处的位置离色轮的中心圆点越近，颜色的饱和度就越低。标准板 A 的颜色在色轮上所对应的位置离色轮圆心的距离明显比色差板 B 近，所以标准板 A 颜色的饱和度比色差板 B 低。

综合上面的比较结果，色差板 B 的颜色在色调上比标准板 A 更接近蓝色；在明度上比标准板 A 明亮；在饱和度上比标准板 A 颜色纯，饱和度高。

一、判断题

1. 利用可见光分光光度计可以辨别原车颜色。 （ ）
2. 通常情况下，一滴涂料的质量大约为 0.05 g。 （ ）
3. 色母的沉降会导致湿涂料与干涂料涂膜的颜色产生差异。 （ ）
4. 一般解决颜色添加过量的方法是加副色冲淡。 （ ）
5. 珍珠漆颜色的比色必须在直射的日光或类似光下实施。 （ ）

二、选择题

1. 由于外部条件的影响导致颜色的变化叫作（ ）。
   A. 变色 B. 掉色 C. 褪色 D. 走色
2. 用（ ）可以观察微缩胶片。
   A. 调色电脑 B. 电子秤 C. 阅读机 D. 调漆机
3. 配色时，应先加入在配色中（ ）的色漆。
   A. 用量小，着色力小 B. 用量大，着色力小
   C. 用量小，着色力大 D. 用量大，着色力大
4. 调漆时，若需加入催干剂，应在（ ）加入。
   A. 配色前 B. 配色中
   C. 配色后 D. 没有特殊要求
5. 下列（ ）可以合理减少面漆涂层的厚度。
   A. 用较少的原色调色 B. 减少清漆的涂装层数
   C. 增加中涂的厚度 D. 使用着色力强的原色

三、简答题

1. 什么是色母？色母包括哪几种？
2. 说明配色的程序。
3. 常用调漆设备都有哪些？
4. 油漆代码一般在车身的哪些部位？
5. 如何进行电脑调色？

项目十一

涂装缺陷修复

学习目标

（1）掌握喷涂前车身板件的清洁除油方法及步骤。

（2）理解造成漆膜缺陷的原因。

（3）能够对存在缺陷的漆膜实施有效的补救措施。

往往在车身的涂装过程中由于操作不当、烤漆房温度、除水除油等不当造成喷涂后的局部或者整板漆膜缺陷，下面主要讲述关于漆膜缺陷的原因以及相关应对补救措施。

✳ 一、车身遮盖表面的清洁和除油

用除尘枪吹除板件缝隙和装饰条内部的水分和污垢，然后用抹布擦拭，除去车身表面的灰尘；用干净的毛巾蘸上除油剂，在遮盖胶带的粘贴处除油，以保证其粘贴效果，如图 11 -1 所示。

1. 设定后车门门框的遮盖边界

打开后车门，在后车门门板与门框的交界处贴上遮盖胶带，用以作为后车门门框的遮盖边界，如图 11 -2 所示。

图 11 -1　遮盖区域的除油操作

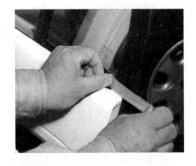
图 11 -2　后车门门框的遮盖边界

注意：门框与门板的交界处如果没有明显的分界线，遮盖边界必须采用反向遮盖的方法，以防止产生喷涂台阶。

2. 遮盖后车门外把手安装孔

首先将遮盖胶带伸进安装孔内，从内边缘开始粘贴，使安装孔镂空的部分缩小，然后用

遮盖胶带盖住中央孔，如图 11-3 所示。

注意： 覆盖中央孔时不能太用力推压边缘胶带，否则会使边缘胶带脱落。

3. 遮盖后车门内侧的卷边部分

在后车门内侧卷边部分贴上遮盖胶带，如图 11-4 所示。

| 图 11-3　遮盖后车门外把手安装孔 | 图 11-4　后车门内侧卷边贴遮盖胶带 |

注意： 后车门内侧底部的前端应粘贴一条长约 150 mm 的遮盖胶带。

4. 遮盖车门装饰条与门框之间的间隙

在车门上侧的装饰条上贴上遮盖胶带，遮盖胶带应延伸到装饰条的外部，并用另一段胶带粘贴到前面胶带的延伸部分上；然后，再用胶带压住门框上翘起的胶带，如图 11-5 所示。

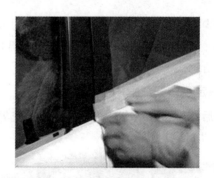

图 11-5　遮盖车门装饰条与门框之间的间隙

5. 遮盖后车门与后翼子板、后车门槛板之间的缝隙

关上后车门，使车门卷边部分的遮盖胶带露出车外，将另一段遮盖胶带粘贴在露出车外的延伸胶带上，如图 11-6 所示。

注意： 车门边缘一定不能粘有胶带。

6. 遮盖后车门前侧的凸缘区

打开前车门，抽出遮盖纸，使它稍稍长出后车门门板的高度，将遮盖纸上的胶带沿后车门前凸缘沟槽贴上，如图 11-7 所示。

对于没有凸缘的车门顶部，则沿密封剂规定边界；车门顶部的侧面部分需要包上遮盖纸，盖住门框；在后车门前侧的底部，用遮盖胶带贴在门内粘贴的遮盖胶带上，如图 11-8 所示。

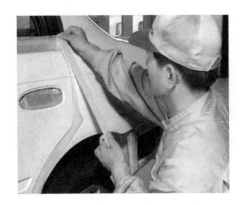

图 11 -6　遮盖后车门与后翼子板、
后车门门槛板之间的缝隙

图 11 -7　遮盖后车门前侧的凸缘区

7. 遮盖前车门内部

用遮盖胶带贴上遮盖纸，使遮盖纸延伸至前车门的后缘；延伸遮盖纸的顶端，使前车门底部的遮盖纸距离前车门的后端大约 300 mm，如图 11 -9 所示。

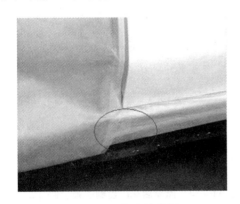

图 11 -8　包上遮盖纸

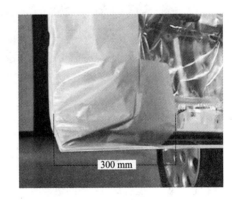

300 mm

图 11 -9　遮盖前车门内部

注意：遮盖纸要能足够遮盖前挡风条；关上前车门时，动作要缓慢，以防止遮盖纸剥落。

8. 用塑料遮盖膜遮盖整车

用塑料遮盖膜遮盖汽车的前半部、车顶和行李厢盖，如图 11 -10 所示。

注意：塑料遮盖膜必须与后车门保持 200 mm 的距离。用塑料遮盖膜遮盖时不能有皱纹，塑料遮盖膜的底部不能拖放在地上。

9. 遮盖前车门后缘和后车门车窗玻璃

将遮盖纸贴至前车门后缘，遮盖纸的长度应能从前车门门槛板伸展至车顶，如图 11 -11 所示。

遮盖后车门车窗玻璃时，使用的遮盖纸的宽度应能从车窗的遮盖边界伸展至车顶，使用的遮盖纸的长度要超出车窗边界直至汽车后风窗玻璃，如图 11 -12 所示。

图 11 -10　用塑料遮盖膜遮盖整车

图 11－11　遮盖前车门后缘
和后车门车窗玻璃（一）

图 11－12　遮盖前车门后缘
和后车门车窗玻璃（二）

10. 遮盖后车门后侧的钣金件

将遮盖纸贴至后侧板，使遮盖纸的顶端盖过后风窗玻璃，底端刚好触地，如图 11－13 所示。将遮盖纸贴在车门后下部延伸出来的胶带上，遮盖后侧车轮罩的前面，如图 11－14 所示。

图 11－13　遮盖后车门后侧的钣金件（一）

图 11－14　遮盖后车门后侧的钣金件（二）

11. 遮盖后车门槛板

将遮盖纸贴在后车门槛板上，如图 11－15 所示，至此完成后车门重涂前的遮盖工作。

12. 遮盖质量的检查

遮盖完成后，检查遮盖是否符合喷涂的具体要求，如图 11－16 所示。遮盖过程中经常

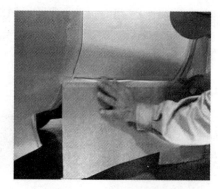

图 11－15　遮盖后车门槛板

图 11－16　遮盖质量检查

出现遮盖胶带粘贴不牢或翘起、遮盖纸破损、遮盖遗漏和过度遮盖等情况，一旦发现这些情况要及时补救，甚至重新遮盖。

✿ 二、漆膜的缺陷

1. 流挂

现象：

涂料涂于垂直表面，在漆膜形成过程中湿膜受到重力的影响向下流动，使漆膜厚薄不均匀成流滴或挂幕下垂的状态，如图 11 - 17 所示。

原因：

① 使用了干燥速度慢的溶剂或溶剂过多。

② 涂料中使用重质颜料或研磨不均。

③ 所用涂料不配套。

④ 喷枪的喷嘴直径过大，气压过小。

⑤ 喷涂操作不当，喷涂距离和角度不正确，喷枪移动速度过慢，造成一次喷涂重叠，漆膜过厚。

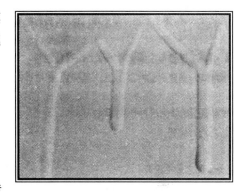

图 11 - 17　流挂

⑥ 喷涂环境温度过低或周围空气中溶剂蒸气含量过高。

防治方法：

① 调整涂料配方或添加阻流剂。

② 正确选择溶剂，注意溶剂的溶解能力和挥发速度。

③ 涂料的黏度要适中（硝基漆为 18 ~ 20 s，烘干涂料为 20 ~ 30 s）。

④ 喷硝基漆喷枪的喷嘴直径略小一点，气压以 0.4 ~ 0.5 MPa 为宜。

补救措施：

施工中出现流挂，一般应在涂膜未干前予以修平。若涂膜已干，对于轻微的流挂可用水砂纸轻轻打磨，再用研磨膏修复平整，不得磨穿其他部位；对于严重的流挂应用砂纸打磨，重新涂装。

2. 橘皮

现象：

喷涂涂料时，湿膜不能充分流动，未形成平滑的干漆膜面，出现似橘皮状凹凸不平的痕迹，如图 11 - 18 所示。

原因：

① 涂料黏度过大，流平性差，稀释剂选用不当。

② 喷涂气压过低，出漆量过大，导致雾化不良。

③ 喷嘴离被涂面的距离过远或过近，涂层喷

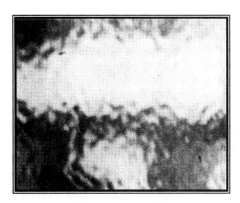

图 11 - 18　橘皮

得过薄或过厚。

④ 空气及被涂物的温度偏高，喷涂室内过度通风，溶剂挥发过快。

⑤ 晾干时间过短。

防治方法：

① 调整涂料黏度，在涂料中添加挥发速度较慢的溶剂或改性硅烷流平剂，延长湿膜的流动时间，改善涂料的流平性。

② 选择出漆量和雾化性能良好的喷涂工具，压缩空气压力调整适宜，使涂料达到良好的雾化。

③ 调整喷涂距离，控制漆膜厚度，一次喷涂到规定厚度（以不流挂为限度）。

补救措施：

出现橘皮现象，待色漆完全干固后，视橘皮的情况，用水砂纸或粗研磨剂磨去橘皮，进行补涂。如果情况严重，用水砂纸整平，并重新喷涂。

3. 起粒

现象：

涂装后漆膜整个表面或局部出现颗粒状凸起物，如图 11 - 19 所示。

原因：

① 颜料分散不良，色漆所用漆基中有不溶的聚合物软颗粒或析出不溶的金属盐，小块漆皮被分散混合在漆中。

② 涂装施工环境不清洁，调漆室、喷涂室、晾干室和烘干室内有灰尘。

③ 被涂物表面不洁净。

④ 施工操作人员工作服、手套及漆前用材料掉纤维。

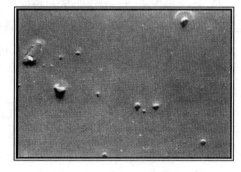

图 11 - 19　起粒

防治方法：

① 涂料应充分净化，不使用变质或分散不良的涂料，供漆管路上应安装过滤器。

② 调漆室、喷涂室、晾干室和烘干室的空气除尘要充分，确保涂装环境洁净。

③ 用黏性擦布擦净或用离子化空气吹净被涂面上静电吸附的尘埃，确保被涂面清洁。

补救措施：

如只是轻微的起粒缺陷，可待漆膜完全干固后，用极细的砂纸进行湿打磨，然后再抛光处理，使光泽重现。如出现严重的起粒缺陷，应用砂纸打磨后重新涂装。

4. 拉丝

现象：

涂料在喷涂时雾化不良，喷涂于底材上的漆雾呈丝状，使漆膜形成不能流平的丝状膜，如图 11 - 20 所示。

图 11 - 20　拉丝

原因：

① 涂料的黏度高。

② 稀释剂溶剂溶解力不足，待漆从喷枪中喷出时大量溶剂挥发。

③ 易拉丝的树脂含量超过无丝喷涂含量。

防治方法：

① 涂料的施工黏度选择适宜，硝基漆为 18 ~ 20 s，烘干涂料为 20 ~ 30 s。

② 选用溶解力适当的（或较强的）溶剂。

③ 调整涂料配方，减少易拉丝树脂的含量。

补救措施：

出现拉丝现象，应待干燥后打磨重新涂装。另外，易产生拉丝的涂料主要有环氧树脂涂料、丙烯酸树脂涂料及过氯乙烯树脂涂料。

5. 针孔

现象：

涂膜干燥后，在涂膜表面形成众多细小孔洞，严重时形成针孔大小似皮革的毛孔，如图 11 - 21 所示。

原因：

① 涂料的流动性不良，流平性差，释放气泡性差。

② 被涂物有污物或底层上已经有针孔的表面涂覆。

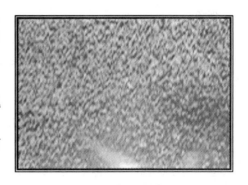

图 11 - 21　针孔

③ 喷涂施工时，湿膜中溶剂挥发速度快。

④ 涂料变质，或黏度高。

防治方法：

① 用挥发速度较慢的稀释剂，以改善表面流平性。

② 施工时注意防止水分及其他杂物混入。

③ 严格检查存漆容器、喷涂工具及被涂物表面的清洁程度。

补救措施：

出现针孔现象，情况较轻时，可采用抛光打蜡予以补救；情况严重时，应填补腻子，重新磨光后喷涂面漆。

6. 起皱

现象：

在涂料干燥过程中，涂膜表面出现凸凹不平的隆起、皱纹，如图 11 - 22 所示。

原因：

① 有干性油的油性漆或醇酸漆，干燥剂选用不当，使用钴和锰催干剂过多，锌干料缺少。

② 面漆的溶剂把底漆漆膜溶解。

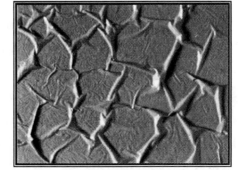

图 11 - 22　起皱

③ 漆膜喷涂过厚，导致漆膜表干内不干。

④ 氨基漆晾干过度。

⑤ 烘干升温过急，表面干燥过快。

防治方法：

① 合理选用催干剂，尽量不用或少用钴、锰催干剂，多用铅或锌催干剂，对于烘干型涂料，采用锌催干剂效果好。

② 选用桐油为成膜物时，应注意漆基的熬炼程度，并控制桐油的使用量。

③ 用溶解力小的面漆涂料。

④ 按规定漆膜厚度涂覆。

补救措施：

对已起皱的涂层，待漆层干透后用水砂纸打磨平滑，重新喷涂。如涂层起皱严重，应将起皱表面铲除后，刮一层腻子，干后打磨重新喷涂。

7. 气泡

现象：

在涂装过程中，由于搅拌、泵料输送或施工中混入空气，不易消散，施工后漆膜表面呈泡状鼓起，如图 11 - 23 所示。

原因：

① 搅拌混入涂料中的气体未释放尽就涂装，或在刷涂时刷子走动过急而混入空气。

② 溶剂挥发快，涂料的黏度偏高。

③ 烘干时加热过急，晾干时间过短。

④ 底材、底涂层或被涂面含有（或残留有）溶剂、水分或气体。

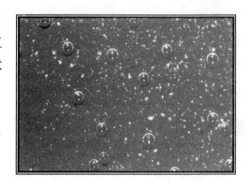

图 11 - 23　气泡

防治方法：

① 用指定溶剂，黏度应按涂装方法选择，不宜偏高。

② 涂层烘干时升温不宜过急。

③ 底材、底涂层或被涂面应干燥清洁，不含有水分和溶剂。

④ 添加醇类溶剂或消泡剂。

补救措施：

涂膜出现气泡只能进行重新涂装，应视气泡缺陷面积大小决定是局部修补还是全部返工。

8. 落上漆雾

现象：

喷漆过程中飞溅的漆雾落在漆膜上（呈虚雾状），导致漆膜的光泽降低，如图 11 - 24 所示。

原因：

① 无须涂漆的表面未遮盖。

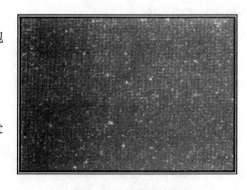

图 11 - 24　落上漆雾

② 喷涂操作不正确，如喷枪与被涂面的距离太远、喷流与被涂面不垂直等。

③ 被涂件之间距离太近。

④ 喷涂室气流混乱，风速太低（小于0.3 m/s）。

防治方法：

① 需涂漆的表面应遮盖，尤其在喷涂异色漆时。

② 纠正不正确的喷涂操作。

③ 被涂件之间应留足距离，间距不应小于1.5 m，且喷涂方向正确。

④ 喷漆室的气流应有一定方向，风速在静电喷漆场合不小于0.3 m/s，在手工喷涂场合应在0.5 m/s以上。

补救措施：

对不严重的漆雾可通过抛光打蜡予以解决，严重时应打磨后重新涂装。

9. 咬起

原因：

① 涂料不配套、底涂层的耐溶剂性差。

② 色漆中含有较强的溶剂，穿透底涂膜。

③ 涂层未干透就涂下一道漆。

④ 涂得过厚。

防治方法：

① 改变涂料体系，另选用合适的底漆。

② 底涂层干透后再涂面漆。

③ 在易产生咬起的配套涂层场合，应先在底涂层上薄薄涂一层面漆，等稍干后再喷涂。

补救措施：

如只是轻微的咬起现象，应在漆膜充分固化后，用砂纸将漆膜表面磨平，然后抛光即可。如咬起现象非常严重，应将漆膜铲至底漆表面，然后重新喷涂。

10. 发白

现象：

在涂装过程中和刚喷涂完的涂层表面呈乳白色，且无光泽，严重时完全失光，如图11-25所示。

原因：

① 空气湿度过高（80%以上）。

② 溶剂挥发过快。

③ 被涂物的温度过低。

④ 稀释剂或压缩空气有水分。

防治方法：

① 涂装场地的相对湿度不高于70%，环境温度最好在15~25℃。

② 选用挥发速度较低的有机溶剂，如添加防白剂或防潮剂。

图11-25 发白

③ 涂装前先将被涂物加热，使其比环境温度略高。

④ 防止通过溶剂和压缩空气带入水分。

补救措施：

对已发白的涂膜可待涂膜干燥后进行抛光打蜡处理。发白严重的，可在稀料中加入 10% ~20% 的防潮剂，加入少许涂料再喷 1 ~2 道。

11. 发花

现象：

涂膜的局部颜色不均匀，出现斑印、条纹和色相杂乱的现象，如图 11 –26 所示。

原因：

① 涂料中的颜料分散性差或多种颜料相互混合不均匀。

② 涂料黏度不适当。

③ 溶剂的溶解能力差。

④ 涂膜厚度不均。

⑤ 喷涂技术不良，喷幅重叠不适当，喷距太近。

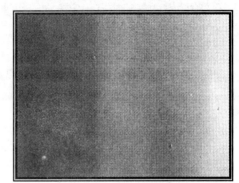

图 11 –26　发花

防治方法：

① 更换涂料品种，选用分散性和互溶性良好的颜料。

② 选择适当的溶剂，采用符合工艺要求的涂装黏度及膜厚。

③ 调配复色漆时应使用同类型的涂料，最好用同一厂家生产的同一类型涂料。

④ 运用良好的喷涂技术，每次喷扫至少应重叠 50%。

补救措施：

如膜层仍湿，可再喷涂一道薄层的面漆进行修正；或让漆膜稍干，并使用正确的喷涂技术再喷涂一道面漆。

12. 浮色

现象：

漆膜表面与内部的色调不一致，与发花的差别是漆膜外观色调一样，但湿膜和干膜的色相差异大，如图 11 –27 所示。

原因：

① 涂料的配方及制漆工艺不合理。

② 在涂装含两种以上颜料的复色涂料时，溶剂在涂层的里表挥发不一。

③ 涂料中颜料的密度相差悬殊。

④ 涂装方法及设备选用不合适。

防治方法：

① 改进涂料配方及制漆工艺（如选用不易浮色的、易分散的颜料，改进颜料的分散工艺等）。

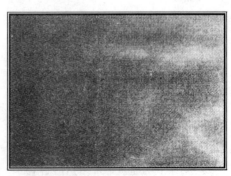

图 11 –27　浮色

② 添加防浮色剂，如硅油对防止浮色有显著效果。

③ 选用合适的涂装方法及设备。

补救措施：

在湿膜上再喷涂一道薄薄的涂层，对面漆进行修正。或待漆膜稍干，再喷涂一道面漆。

13. 渗色

现象：

被修补面原有面漆（指红色、褐色及黄色）的颜料渗入（或溶入）修补面漆中，而使面层涂膜变色，如图 11 – 28 所示。

原因：

① 底层涂料中含有机物。

② 底层漆膜中溶剂能溶解的色素渗入面涂层中。

③ 底层漆膜未完全干透就涂面漆。

④ 面漆含有溶解力强的溶剂。

防治方法：

① 底层涂料含有机物，不宜涂异种颜料的面漆（尤其是浅色面漆）。

② 为防止渗色，需增涂一层"封闭漆"后再涂覆。

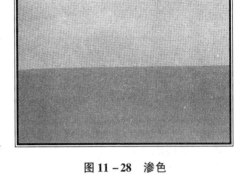

图 11 – 28　渗色

③ 选用挥发快的面漆，用对底层漆膜溶解力差的溶剂调配。

补救措施：

当在多层底漆及面漆均已喷涂后开始发生渗色时，必须完全除去出毛病之漆，并从裸底材起重新涂装。

14. 光泽不良

现象：

凡有光泽的涂料在施涂后，涂膜光泽未能达到规定的质量指标或涂装后 2 ~ 3 天涂层出现光泽下降、雾状朦胧现象，如图 11 – 29 所示。

原因：

① 溶剂与颜料配比不当，配方中颜料体积浓度过高。

② 颜料湿润分散不佳，或颜料产生严重絮凝，所用溶剂不当或其中含有水分、杂物。

③ 涂面对涂料的吸收量大，且不均匀。

④ 被涂面粗糙，且不均匀。

防治方法：

① 严格控制涂料的内存质量，选择油漆厂指定的溶剂。

② 施涂相应的封底涂料，以消除涂面对面漆的吸收或不均匀的吸收。

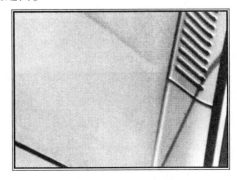

图 11 – 29　光泽不良

③ 应细心打磨（注意打磨方向和砂纸牌号的选择），消除被涂面的粗糙度。

④ 严格遵守规定的烘干条件，烘干室换气要适当。

补救措施：

待涂膜干固后，进行抛光打磨，使光泽重现。如是漆雾回落表面上造成的光泽不良，可在漆膜干固后，以极细砂纸打磨，并抛光打蜡。如是底层被涂面污染或粗糙造成的光泽不良，则应清除漆膜，清理或整平受影响表面并重喷。

15. 砂纸纹

现象：

在干燥过程中，由于漆膜收缩，表面呈现出底漆表面的砂纸打磨痕迹，如图 11 – 30 所示。

原因：

① 砂纸选用不当，打磨砂纸太粗或质量差。

② 打磨时机不当，涂层未干透（或未冷却）就打磨。

③ 被涂物表面状态不良，有极深的锉刀纹或打磨纹。

④ 涂膜厚度不足。

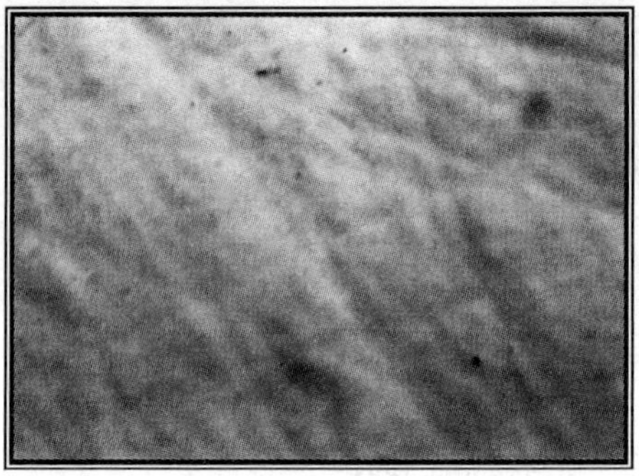

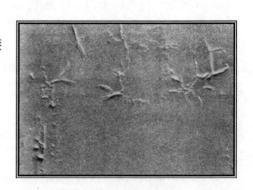

图 11 – 30 砂纸纹

防治方法：

① 选用合适的打磨砂纸。

② 打磨工序应在涂层干透和冷却后进行。

③ 对装饰性要求较高的部位，以湿打磨取代干打磨。

④ 被涂物表面状态不良，应刮腻子填平。

⑤ 提高喷涂厚度。

补救措施：

若砂纸痕迹较轻微，可将缺陷区域磨平，然后抛光即可。若砂纸痕迹较严重，则应打磨漆膜直至除掉原有的砂纸痕迹，然后重新喷漆。

16. 腻子痕迹

现象：

面漆涂装后，打磨腻子的痕迹显现到涂膜表面，如图 11 – 31 所示。

原因：

① 原子灰刮涂后，打磨不充分。

② 刮涂腻子部位未涂封底漆，腻子层的吸漆量大，或颜色与底漆层不同。

③ 所用腻子的收缩性大，固化后变形。

防治方法：

① 刮腻子部位充分打磨。

② 在刮腻子部位涂封底漆。

③ 选用收缩性小的腻子。

补救措施：

图 11 – 31 腻子痕迹

用 P400 砂纸进行湿打磨，然后用修补专用腻子填补平整，再按上述要领，重新涂装二道浆和面漆。

17. 裂缝

现象：

涂料施涂后经干燥成膜，在户外使用后，涂膜上出现部分断裂，如图 11-32 所示。

原因：

① 涂层的耐候性和耐温变性差。

② 涂料的底面涂层配套不佳，底层漆膜和面漆涂膜的伸缩性和软硬程度差距大。

③ 底涂层未干透就涂面漆或面漆层涂得过厚。

④ 涂层老化。

防治方法：

① 用耐候性、耐温变性优良的面漆。

② 合理选择配套的底、面漆，一般使底层漆膜和面层漆膜的硬度、伸缩性接近。

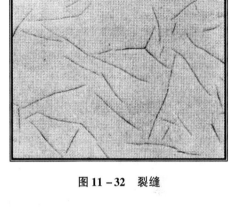

图 11-32　裂缝

③ 严格按工艺要求控制漆膜厚度，对耐寒性差的漆膜（尤其是自干型漆膜，如硝基漆）不应涂得过厚。

④ 底涂层干透后方能涂面漆。

补救措施：

如漆膜只有轻微裂缝，可用砂纸彻底打磨至无裂纹迹，再重新喷涂。如漆膜上有严重的裂缝，应将有裂缝的漆层彻底铲除至底材，然后再重新喷涂。

18. 污斑

现象：

漆膜表面受外界物质的侵入或自身析出物的影响，产生与大部分表面颜色不相同的色斑、腐蚀点或黏附着污垢，如图 11-33 所示。

原因：

① 漆膜黏附有灰尘、水泥灰、焦油、煤烟、酸性物质、昆虫和鸟类的粪便等污染物。

② 所用颜料不耐酸、碱。

③ 涂层长霉。

防治方法：

① 用耐腐蚀和耐沾污性好的涂料。

② 汽车不要在室外停放，尤其不要停放在污染源附近。

③ 汽车应涂面漆防护蜡。

补救措施：

如污斑只在表层，可通过打磨和抛光去除。如污斑较为严重，应使用化学清洗剂进行去除。如污斑已侵入漆膜内层，则必须通过打磨除掉被

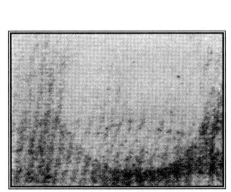

图 11-33　污斑

污斑损坏的漆膜，然后重新喷涂。

19. 雨斑

现象：

受雨淋或雨露的浸渍，使涂膜表面形成不透明的点状乳白色痕迹，如图 11–34 所示。

原因：

① 所用涂料的抗水性能差。

② 涂膜表面未涂憎水保护剂。

防治方法：

① 用抗水性能优良的涂料。

② 必要时可试验加入硅烷类助剂，提高涂膜的憎水性。

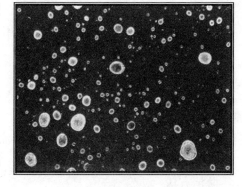

图 11–34　雨斑

补救措施：

先使用脱蜡清洗剂清除漆面旧蜡，然后再进行抛光打蜡除去雨斑。如过数天后雨斑又重现，可重复上述作业彻底除去雨斑。如抛光打蜡无效，应进行湿打磨，清除缺陷区域漆膜，重新进行喷涂。

20. 起泡

现象：

涂膜上出现颗粒鼓起，其内部含有水分或空气，如图 11–35 所示。

原因：

① 涂面残存有油、污、汗液、指纹、盐碱、打磨灰等物质。

② 涂膜的耐水性或耐潮湿性差。

③ 清洗被涂面的最后一道用水的纯度差，含有杂质离子。

④ 在涂装表面残存水汽。

⑤ 漆膜干燥不充分。

⑥ 在高湿度下长期放置。

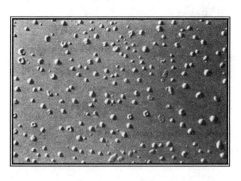

图 11–35　起泡

防治方法：

① 选择适宜的涂料，并严格控制配方比，提高涂膜的抗水性。

② 被涂面不允许有亲水物质残存，尤其是水溶的盐碱残存。

③ 喷漆前最后一道水洗应该用脱离子水。

④ 漆膜应充分干燥。

⑤ 尽量避免高湿度的环境。

补救措施：

彻底清除起泡部位漆膜，然后重涂装。

三、划痕的处理

1. 浅度划痕的处理

1）清洗

采用脱蜡清洗剂对刮伤部位进行清洗，然后晾干。

2）打磨

打磨一般采用人工作业，也可用研磨/抛光机或打磨机进行打磨抛光。

3）还原

用一小块无纺布将还原剂均匀涂抹于漆面，然后抛光至面漆层与原来的涂层颜色完全一致为止。

2. 中度划痕的处理

1）打磨

用打磨机对划痕部位进行打磨，清除漆层及锈蚀等。

2）清洗

用专用清洗剂去除打磨表面的油污、石蜡及其他异物。

3）刮涂腻子

（1）按要求调制好所需用量的原子灰，刮涂时先填充砂纸痕和气孔，然后全面刮涂。

（2）拆除车身表面塑料件，然后用红外烤灯对刮涂的原子灰进行烘烤，烤灯与车身相距约 1 m。

（3）用打磨机配 P120 砂纸对干燥的原子灰进行打磨。

4）中涂层涂装

（1）对喷涂表面周边部位进行遮盖。

（2）用浸有清洁剂的软布擦洗待喷涂表面并擦干。

（3）调配好中涂底漆后便可进行喷涂，先喷涂一遍，晾干 5 min 后再喷涂两遍。

（4）喷涂完成后过 10～15 min，用红外烤灯进行烘烤固化。

5）面漆涂装

（1）按要求调配面漆。

（2）用清洁剂对待喷涂表面进行清洁。

（3）对待喷涂表面周边进行遮盖。

（4）再次清洁待喷涂表面并擦干。

（5）喷涂面漆，喷涂时，先喷两道色浆，每道之间流平 5～10 min，喷涂后晾干 15 min 后再喷清漆，喷涂清漆时，先喷一道清漆，晾干 5～10 min 后，再喷第二道清漆，喷涂完毕后对漆面进行检查。

3. 深度划痕的处理

1）表面处理

（1）用铲刀、钢丝刷等清除表面涂层、铁锈、焊渣，焊口较大处用砂轮打磨平整，用

P1.5~P2.5 砂布打磨，清除底层表面锈蚀和杂物。

（2）用溶剂将划痕处洗净，晾干。

（3）涂上一层薄薄的底漆。

（4）在底漆膜上涂一层防锈漆。

2）刮涂腻子

（1）将速干原子灰覆盖在金属层上。

（2）原子灰干燥后，用 P400 干砂纸将原子灰打平。

（3）用脱蜡清洗剂将划痕处擦净。

3）喷涂中涂层

（1）将不喷漆的地方用专用胶纸遮盖。

（2）先用喷枪轻轻地喷上两道底漆，然后再喷第二层较厚的底漆，并使其干燥。

（3）用 P600 砂纸将底漆磨平。

（4）如果划痕处仍低于漆面，可再喷涂 3~5 层底漆，并重复清洁步骤。

（5）用 P1500~P2000 砂纸将周围部分打平，再用溶剂擦净。

4）喷涂面漆

（1）喷漆。选用与原车色漆配套的面漆，按原车颜色调配，并调至符合施工要求的黏度，经过滤后再进行喷涂施工。每喷涂一遍之后，应有涂膜需要的流平时间，然后再一遍一遍地进行喷涂。

（2）湿磨。用 P280~P320 水磨砂纸在喷涂四层的涂膜基础上将涂膜打磨平整光滑。用抹布、压缩空气边吹边擦洁净，并使之表面干燥，可加热干燥，也可自然晾干。但自然晾干时间较长，应注意防止粉尘污染涂膜表面。

（3）罩光。在原有面漆内，加清漆 20% 以下，再适当加入稀释剂混合使用，以增加光洁度。其黏度以 15 s/25 ℃ 为宜。经过滤后再喷涂。喷后流平性要好，以便第二天易于抛光打蜡。总厚度为 80~110 μm。

5）抛光上蜡

（1）将喷涂完并干燥后的车身拆除遮盖物。

（2）用 P400~P500 水磨砂纸带水将车身表面满磨至涂膜表面光滑平整为止。打磨长度来回在 100 mm 以内。

（3）用抛光剂打磨。先用抹布将涂层表面擦净，再用尼绒、海绵等浸润抛光剂进行抛光。

（4）抛光之后再用上光蜡抛出光泽，使其表面光亮如新。

❀ 四、斑点的清除方法

1. 轻微斑点的清除方法

（1）先用水进行清洗，然后再用除蜡溶剂进行清洗。

（2）用碳酸氢钠溶液进行中和处理，然后彻底漂净。

（3）擦干后用车蜡上光。

2. 表层斑点的清除方法

（1）先按清除轻微斑点的方法进行清洗及中和处理。

（2）用手工抛光斑点部位，根据斑点深度，如果需要再用抛光机抛光，抛光中要经常检查，以使磨掉的面漆尽可能少些。

（3）若斑点较深，可用 P1500 或 P2000 砂纸湿磨，如果斑点仍可见，则用 P1200 砂纸打磨。

（4）清洁干净后打蜡上光。

3. 深层斑点的清除方法

1）斑点清除

（1）清洗。在斑点及周围部分先用水清洗，再用溶剂清洗。

（2）砂薄。以斑点为中心，将周围漆膜加工成由薄逐渐变厚的平滑过渡状态，如图 11 - 36 所示。过渡部分漆膜称为"薄边"。

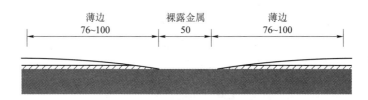

图 11 - 36 砂薄

薄边加工方法：

① 选择合适的砂纸，采用手工或机械打磨。

② 如果修补面积较小，直径只有 15 ~ 20 mm，建议采用橡胶打磨块或其他体积较大的打磨块垫砂纸进行打磨。

2）底层修补

（1）将底漆直接刷涂到裸露的金属表面上。

（2）喷涂 3 ~ 4 道中间涂层。

（3）中间涂层干燥后进行打磨。

（4）对中间涂层和相邻原装面漆进行加工。

3）面层涂装

（1）准备。

涂料准备：

① 将涂料颜色调配成与原车颜色一致。

② 采用指定稀释剂对涂料进行稀释，稀释时涂料要搅拌均匀，并检查黏度。

喷枪准备：

应准备两个：一个用于喷涂热塑性丙烯酸色漆，在喷杯上做好记号"色漆"；另一个用于喷涂消雾圈涂料，喷杯里配有 1 份慢速稀释剂，1 份中速稀释剂，以及大约 5% 的热塑性丙烯酸清漆，在喷杯上做好记号"消雾圈涂料"。

（2）试喷。

把喷枪上所有可调整参数都暂时设定在中间位置，先在样板上喷涂几道，为了与原装车面漆的颜色相比较，应以全遮盖的方式喷涂样板，层间要有适当的闪干时间。如果发现颜色不对，应进行调色，直到满意为止。

（3）喷涂

然后喷涂三道丙烯酸清漆于整个修补的面积上，如图 11 – 37 所示。

最后采用消雾圈剂喷涂丙烯酸清漆的边缘。

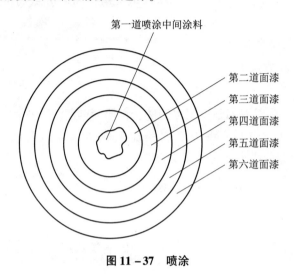

第一道喷涂中间涂料

第二道面漆
第三道面漆
第四道面漆
第五道面漆
第六道面漆

图 11 – 37　喷涂

五、漆膜褪色和失光

1. 漆膜褪色、失光的种类

（1）有害物质导致的褪色、失光。

（2）氧化导致的褪色、失光。

（3）划痕导致的失光。

（4）透镜效应导致的褪色、失光。

2. 漆膜褪色、失光的原因

1）汽车涂装方面的原因

（1）所用涂料耐候性能差，在不良气候条件下易产生褪色、失光。

（2）所用涂料耐光性能差，受强光照射易产生褪色、失光。

（3）所用涂料耐擦伤性能差，在汽车清洗和擦拭中易产生褪色、失光。

2）汽车使用方面的原因

（1）使用环境不良。

（2）停放环境不良。

（3）交通膜的影响。

3）汽车清洗方面的原因

（1）所用清洗剂质量差。

（2）水质不清洁。

（3）水压不当。

（4）洗车方法不当。

3. 漆膜褪色、失光的防治

1）漆膜褪色、失光的预防

（1）正确清洗，及时清除漆膜表面的有害物质。

（2）雨、雾天过后，要及时擦净漆膜表面的水滴，防止透镜效应的产生。

（3）及时上光打蜡，在漆膜表面形成一层保护层，隔绝漆膜与空气接触，防止氧化腐蚀。

（4）改善汽车停放环境，防止自然侵蚀。

（5）加装汽车放静电装置，防止交通膜的产生。

2）漆膜褪色、失光的治理

（1）打磨、抛光。

（2）上有色蜡。

（3）漆膜翻修。

一、判断题

1. 向配制好的涂料中加入少量的干燥剂可以防止涂膜产生"鱼眼"。 （   ）

2. 车门把手的缝隙处留过多的涂料会导致流挂。 （   ）

3. 消除金属斑纹时，两次喷涂的时间间隔一般为 5 ~ 10 min。 （   ）

4. 为消除漆面划痕，一般用 P120 砂纸进行打磨。 （   ）

5. 对于缺陷较深的部位，需要多次刮涂原子灰。 （   ）

二、选择题

1. 溶剂型涂料中混入水分会在涂膜上产生（   ）。

A. 气泡　　　　　　B. 针孔　　　　　　C. 橘皮　　　　　　D. 缩边

2. 为了防止缩边，可以在涂料中加入（   ）。

A. 阻流剂　　　　　　　　　　　　　B. 抛光剂

C. 走珠水　　　　　　　　　　　　　D. 软化剂

3. 涂料中颜料的密度相差悬殊会产生（   ）。

A. 色差　　　　　　B. 浮色　　　　　　C. 掉色　　　　　　D. 渗色

4. （   ）是产生"鱼眼"的重要污染物。

A. 铜　　　　　　　B. 铅　　　　　　　C. 铁　　　　　　　D. 硅酮

5. 如果中涂底漆层间黏着力不足，会出现（   ）缺陷。

A. 剥离　　　　　　B. 起泡　　　　　　C. 起皱　　　　　　D. 流挂

三、简答题

1. 试分析涂膜产生流挂的原因。

项目十一　涂装缺陷修复

2. 说明涂膜出现橘皮缺陷的防治方法。

3. 试分析涂膜产生雨水痕迹的原因。

4. 说明涂膜出现锈蚀缺陷的防治方法。

5. 简述涂膜出现发白的原因及应对措施。

参 考 文 献

［1］黄靖淋，石岩，朱胜平. 汽车车身钣金修复技术 ［M］. 沈阳：东北大学出版社，2014.

［2］周贺，张传慧. 汽车钣金与喷漆 ［M］. 北京：北京理工大学出版社，2010.

［3］邹新升. 汽车钣金 ［M］. 天津：天津科学技术出版社，2010.

［4］谢云叶，蔡旭东. 汽车车身诊断与修复 ［M］. 北京：北京邮电大学出版社，2014.

［5］温杰，施海凤. 汽车涂装技术 ［M］. 东营：中国石油大学出版社，2016.

［6］邢振东，刘海峰. 汽车涂装技术 ［M］. 沈阳：东北大学出版社，2015.